初心

FAITH

导演　周子豪　王金超　甘国梁　戴俊辉

文法学院初心创作团队 原创

弘扬以伟大建党精神为源头的中国共产党人精神谱系，用好红色资源，深入开展社会主义核心价值观宣传教育，深化爱国主义、集体主义、社会主义教育，着力培养担当民族复兴大任的时代新人。

——2022年10月16日习近平《高举中国特色社会主义伟大旗帜　为全面建设社会主义现代化国家而团结奋斗——在中国共产党第二十次全国代表大会上的报告》

话剧《初心》剧照

第一幕：新青年杂志社初遇

第二幕：博文女校讨论局势

第三幕：上海会议

第四幕：商讨转移会址

第五幕：南湖会议

第六幕：宣告中国共产党成立

话剧《初心》展演

2017年12月9日,话剧《初心》在嘉兴学院小剧场首演

2017年12月17日,话剧《初心》首次至杭州下沙高教园区巡演

2017年12月23日,教育部"红船精神与习近平新时代中国特色社会主义思想"学术研讨会专场演出

2019年11月14日,话剧《初心》第40场全国展演——走进上海政法学院

2020年7月1日，初心团队"讲党史 践初心 走基层"，走进嘉兴永红村农村文化大礼堂

2021年6月2日，话剧《初心》走进新疆沙雅

2022年7月9日,"红船领航 健康强国"中国肿瘤大会科普中国行《初心》展演

2023年9月7日,话剧《初心》走进北京国家教育行政学院

团队获奖

团队项目获得第十七届"挑战杯"全国大学生课外学术科技作品竞赛一等奖

草坪微党课，分享《初心》故事，感悟红色文化

话剧《初心》参加庆祝中国共产党成立100周年红色故事会全国大赛获二等奖

团队项目参加第八届中国国际"互联网+"大学生创新创业大赛

话剧《初心》参加浙江省第二届大学生戏剧周演出

话剧《初心》参加浙江省第二届大学生戏剧周闭幕式暨颁奖典礼

团队日常

化装组同学给演员化装

化装组同学给留学生演员阿里做造型

同学们帮留学生演员阿里整理服装，提醒他演出注意事项

抢时间改良服装

道具组的同学们在道具上短暂休息

凝视

演员组的同学们在暑期辛苦地排练

演出前精心准备

演出前的彩排

演出前互相鼓励

团队合影

话剧《初心》2021届—2023届演职人员合影

话剧《初心》2022届—2024届演职人员合影

话剧《初心》2024届—2026届演职人员合影

话剧《初心》2021届—2023届演员合影

话剧《初心》2022届—2024届演员合影

同期活动

初心团队受新华社邀请在嘉兴南湖红船实景演绎《南湖会议》

话剧《初心》走进横店全国红色故事会,"沉浸式"演绎红船故事

世界读书日，初心团队部分成员在南湖边朗读《共产党宣言》

安飞扬、次仁卓嘎等初心团队部分成员在南湖边宣誓入党

初心团队中越来越多的人向党组织靠拢

20

李典女士在北京观看话剧《初心》并与李达、王会悟扮演者亲切交谈

初心团队到北京观看升国旗

初心团队跨越 4000 公里奔赴新疆

初心团队在新疆沙漠放飞青春

授权版本

浙江省机电集团版

海盐县住建局版

平湖职中版

"初心"系列话剧作品

话剧《赤色雪婴》

话剧《白衣如甲》

初心集

思想政治教育实践成果案例

洪坚 / 主编

大连出版社
DALIAN PUBLISHING HOUSE

© 洪坚 2024

图书在版编目（CIP）数据

初心集：思想政治教育实践成果案例/洪坚主编. —大连：大连出版社，2024.1
ISBN 978-7-5505-2035-6

Ⅰ.①初… Ⅱ.①洪… Ⅲ.①高等学校—思想政治教育—中国—文集②话剧评论—中国—现代—文集 Ⅳ.①G641-53②J824-53

中国国家版本馆CIP数据核字(2023)第227547号

CHUXIN JI: SIXIANG ZHENGZHI JIAOYU SHIJIAN CHENGGUO ANLI
初 心 集：思 想 政 治 教 育 实 践 成 果 案 例

策划编辑：卢　锋
责任编辑：卢　锋　郑雪楠
责任校对：金　琦
封面设计：林　洋
责任印制：徐丽红

出版发行者：大连出版社
地　　址：大连市西岗区东北路161号
邮　　编：116016
电　　话：0411-83620573 / 83620245
传　　真：0411-83610391
网　　址：http://www.dlmpm.com
邮　　箱：dlcbs@dlmpm.com
印 刷 者：辽宁新华印务有限公司

幅面尺寸：170 mm × 240 mm
插　　页：12
印　　张：12.5
字　　数：179千字
出版时间：2024年1月第1版
印刷时间：2024年1月第1次印刷
书　　号：ISBN 978-7-5505-2035-6
定　　价：60.00元

版权所有　侵权必究
如有印装质量问题，请与印厂联系调换。电话：024-31255233

前言

红船铸魂 《初心》育人

"为谁培养人、培养什么人、怎样培养人"始终是教育的根本问题。中国共产党在百年历程中构筑的伟大精神,是高校传承红色基因、培育时代新人的宝贵资源。"红船精神"集中体现了中国共产党的建党精神,昭示着中国共产党人的初心。当年,习近平同志将红船精神的深刻内涵高度概括为"开天辟地、敢为人先的首创精神,坚定理想、百折不挠的奋斗精神,立党为公、忠诚为民的奉献精神",并提出弘扬红船精神,走在时代前列。今天,怎样把红色资源转化为育人资源,怎样把中国共产党精神谱系中蕴含的育人元素融入立德树人全过程,成了新时代高校铸魂育人的重要课题。如何探索出一条弘扬红色文化的有效途径,使红色文化的传承变成一种自觉?如何以一种喜闻乐见的形式让思想政治教育鲜活起来,从而真正使红色精神入脑入心?如何打造一堂有温度、有深度、有热度的思想政治理论课(简称思政课),培养一大批信念坚定、勇于开拓、矢志奋斗、乐于奉献的时代新人?作为一名教龄30多年的思政课教师,这是我一直在思考的问题。作为嘉兴大学文法学院党委书记,我一直希望能把南湖建党的故事搬上话剧的舞台,重温中共一大代表创立中国共产党的伟大时刻,创新思想政治教育的形式,弘扬伟大的建党精神与红船精神,让广大师生深刻理解中国共产党人的初心和使命,也让更多的人了解南湖建党历程的辉煌与艰难。

2017年1月,我们开始酝酿策划并在全校征集剧名和剧本。2月,创立初心工作室,我们边研究,边考证,边创作,过程相当艰辛。然而作为总策划的我没有想到,最棘手的问题不是资金困难、专业能力缺乏、创作和演出的经验不足,而是创作思想难以统一。在剧本创作中怎样表现这段历史?今天的年轻人怎样演绎百年前的同龄人?应该实写还是虚写?指导老师与学生在价值观念、思维方式上的差异使话剧创作一度陷入僵局。在认知上,指导老师们希望创作一部"正剧",注重思想含量与历史文化内涵,每个情节都要还原史实;而"95后""00后"们的"权威意识"渐趋淡化,作为自我的一代、变革的一代,他们不盲从或迷信"权威",所以在话剧的创作及演出中,不仅会询问专家,还会查阅资料,并且大胆质疑。在行为上,"95后""00后"们更注重个人的表现与感受,他们钟情于"二次元"的思维逻辑,更希望创作一部年轻人喜爱的话剧。面对不同年代的人的不同思维和行为习惯,几次的创作讨论会不欢而散,我甚至想到放弃。然而,事后冷静思考,这不正是我们今天思想政治教育所面临的困局吗?同一个故事,不同年龄段的人会有不同的解读角度、表现方式,也一定会出现代际差异。怎么解决?我想到的唯一的办法就是在目标一致的前提下进行沟通,既尊重历史又以艺术创作最大化地满足当代青年的需求,把指导老师们的严谨态度与当代青年的创新精神相结合,实现双方的理解与包容,求同存异,最终走向统一。

2017年10月31日,习近平总书记带领中共中央政治局常委瞻仰上海中共一大会址和浙江嘉兴南湖红船,并发表重要讲话,指出"我们要结合时代特点大力弘扬'红船精神'",这给我们带来了巨大的鼓舞与信心。我多次带领团队请教全国各地的专家学者,去王会悟家乡调研,召开创作讨论会,修改文稿,累计排练1000多个小时。在校内外老师们的悉心指导下,在团队成员的共同努力下,话剧《初心》于2017年"一二·九"爱国学生运动纪念日当天举行了首次公演。话剧《初心》不仅让观众从全新的视角重温历史,让历史人物与时代水乳交融,更让观众在触摸历史的经纬时,把握历史发展规律,并更深刻认识到中国共产党为什么能建立。

近年来,初心团队依托教育部人文社会科学重点研究基地"嘉兴大学中国共产党革命精神与文化资源研究中心"的学术优势及文学学科力量,通过课堂叙事式、基地体验式、网络延展式"三位一体"的立体化实践教学模式,将中国共产党人精神谱系全面融入高校思政课实践教学,将学术研究转化为思想政治教育的教学资源,找到思想政治教育与专业课程的契合点,产生了同向同行的协同效应,满足了学生对知识积累、能力提升的需要,实现了对爱国情怀、价值观念的引导,更有效发挥了艺术与思想政治教育的镜像效应和协同效应。此外,通过课内课外、校内校外、线上线下的红色话剧创作和演出实践,产生了同心同德的育人效应,由艺术而生的心灵震撼、由理论而来的精神洗礼,有效引导青年形成正确的政治观念、道德观念,不断增强"四个自信"。话剧《初心》通过互联网走出校园,走向大众,产生了同频共振的社会效应,得到新华社、中央广播电视总台(《新闻联播》《焦点访谈》)、《光明日报》、《中国教育报》、《中国青年报》、《共产党员》等80余家媒体的关注,报道1000多次,在多个线上平台播放,受众达4亿多人次,使广大青年学生深刻领悟中国共产党人精神谱系的丰富内涵,激励他们继承优良传统,赓续红色血脉,将志气、骨气、底气固化为信仰，转化为信念，强化为信心。

一路走来，从校内到校外，从首演到巡演，从嘉兴到全国，从南湖之滨到天山脚下，初心团队把红船故事带到50多座城市，走进学校、企业、乡村。经历五次大的提升，话剧《初心》被改编成《南湖红船》等"沉浸式"情景剧，通过"看、演、传、显"，让更多人参与体验，形成共情，引起共鸣，使更多人参与、演绎和传播，自觉践行建党精神与红船精神。初心团队的成员也感悟到了"初心"的魅力，坚定了追随党的信念，越来越多人向党组织靠拢。2017年4月，创作组8名学生中就有2名递交了入党申请书。2018年1月，在《初心》分享会现场有6名学生递交了入党申请书。截至2023年6月，累计500多名学生递交了入党申请书，300多人成为入党积极分子，59人入党。当学生们的演出如火如荼时，我们也组织了一支青年教工演出队伍。在话剧《初心》教工版排演过程中，学生演员与教师演员一对一教学，教学相长，共同提高，共同感受革命先辈们的初心与使命。教工队伍多次受邀参加浙江省教育工会等的演出，师生共话《初心》的行动也得到了浙江省教育工会的认可，观看话剧的广大师生高度赞扬了嘉兴大学师生传播红色文化、弘扬革命精神的做法。

回首话剧《初心》的编演历程，这是一段刻骨铭心的记忆。我作为总策划，参与改编，联系相关部门，拉赞助，设计文创，安排演出，填写申请，接待媒体等。我至今依然清晰地记得在余姚四明山参加十九大精神学习培训会时，每天通宵改稿，直到2017年11月29日定稿；记得观看排练、演出不下200遍，一路从简陋的办公楼门厅走到学校小剧场，失望甚至绝望的心情使我打过无数次的退堂鼓；记得为了让李达与王会悟的戏找到感觉，在办公室一遍遍地指导学生们；记得没有经费寸步难行，想方设法寻求支持无果躲在厕所崩溃的心态；记得首演成功后掌声响起，台上台下伴着泪水的笑脸；记得因学生们忘记了排练时间而大发雷霆的情景，以及参加草坪微党课新老交接时的感动……多年的坚持、师生们的付出、一届一届的传承，才造就了我们在南湖边创作和演出的第一部南湖建党原创话剧，创立了第一支大学生红剧团队——初心团队。

原创红色话剧《初心》如今已成为嘉兴大学以红船精神育人的"金名片"，成为高校思政课改革的典范。就像剧中台词所写的那样："一切都是值得的！"路虽远，行则将至；事虽难，做则必成。只要有愚公移山的志气和滴水穿石的毅力，脚踏实地，埋头苦干，我们一定行！

2019年，我们尝试着在社团建立党支部，把思想政治工作和党的建设工作结合起来，成立了初心工作室党支部。2017年，团队没有一个党员，如今，团队人人提交入党申请书。初心工作室党支部扩大了党建工作覆盖面，加强了党组织对社团的建设和管理，发挥了环境的育人功能；将党支部的价值引领、文化引领、思想引领融入社团的活动、建设与发展之中，强化党的政治作用；引导学生学习思想政治基础理论，学习贯彻党的十九大、二十大精神，学习习近平新时代中国特色社会主义思想，不断提升学生的思想道德素质和科学文化素养，不断加强学生党性修养，从而发挥了党支部的战斗堡垒作用。

同时，我们还针对班团骨干与初心团队成立了初心班，把立德树人、规范管理的严格要求和春风化雨、润物无声的灵活方式结合起来，组建"互联网+""挑战杯"等学科竞赛小组，参与老师的课题；把解决师生的思想问题和教学科研、学习就业等实际问题结合起来，使初心团队始终充满积极向上的正能量，洋溢蓬勃向上的青春活力，展现改革创新的时代风采。在初心团队里，我看到，思想上、精神上的吸引力和凝聚力是内在的、强大的、持久的。每年，初心团队都要开展"重走一大路"活动，学生们沿着当年中共一大代表们的足迹，探访了嘉兴老火车站1921站、宣公桥、鸳鸯旅社、狮子汇渡口，切身感受这段历史，感受红船的历史意义，更感受作为红船旁的青年身上所担负着的"传播红船故事"的使命和责任。

记得2021年6月，我带队到新疆阿拉尔市演出时遇到许多出乎预料的现实困难，状况百出：演出前，电子大屏无法正常放映，灯光组祁美佳凭着过硬的技术排除故障，保证了演出效果；演出中，在当地租借的椅子突然在台上散了架，剧中的3位中共一大代表硬是坚持蹲着马步完成表演，事后他们满头大汗地说，再难也不能出错，我们代表的是中国共产党人的形象。有时顶着高温一天连演3场，有时冒着大雨拍摄到深夜，有时穿着单衣在冬天的室外演出，有时演出繁忙，已经参加工作的同学也会主动奔赴嘉兴救场，他们说，初心团队是他们的家，有召必回！通过话剧《初心》，他们感受到了开天辟地、敢为人先、追求理想的先辈们为开辟新世界付出的艰辛；通过话剧《初心》，他们感受到了中国共产党坚定不移、百折不挠、追逐光明的精神；通过话剧《初心》，他们感受到了新时代青年大学生肩上的责任与使命，更加坚定了赓续红色血脉、讲好红色故事、传承好红色基因的决心。不论在校还是毕业，每个成员都时刻记得自己的初心。他们把话剧《初心》的视频带回自己的家乡，给家乡人讲南湖建党的故事，帮助家乡的孩子排演，让红色文化像蒲公英的种子那样传播到全国各地。这在他们心中是一种责任、一种自豪。同样，经过在初心团队的历练，他们个个朝气蓬勃、好学上进、视野宽广、开放自信，不论在哪儿都闪闪发光。

2021年2月20日，习近平总书记在党史学习教育动员大会上讲道："要鼓励创作党史题材的文艺作品特别是影视作品，精心组织党史主题出版物的出版发行，发挥互联网在党史宣传中的重要作用。要抓好青少年学习教育，着力讲好党的故事、革命的故事、英雄的故事，厚植爱党、爱国、爱社会主义的情感，让红色基因、革命薪火代代传承。"

关注青年一代，总书记语重心长。青年是引风气之先的社会力量，一个民族的文明素养，很大程度体现在青年一代的道德水准和精神风貌上。青年主动拥抱正能量，能为个人的成长进步播撒阳光雨露；青年积极传播正能量，能为社会的美好和谐注入强大暖流；青年始终充满积极向上的正能量，能在激情奋斗中更好地绽放青春光芒。今天的大学生正处于搭建知识体系、塑造价值观的过程中，正需要社会主义核心价值观的浸润引导，需要以积极向上的正能量涵养心灵，需要丰富的载体让他们绽放，话剧《初心》恰好让大学生在学与做的过程中快速成长，领悟肩上的责任和担当。

心向阳光，任何时候都不会感到寒冷；手捧玫瑰，走到哪里都能散播芬芳。《初心集：思想政治教育实践成果案例》以习近平新时代中国特色社会主义思想为指导，坚持把弘扬伟大建党精神、红船精神作为立德树人的有效路径，探索特色鲜明的思想政治教育模式，回应新时代大学生的重大关切，以红色话剧为切入口，培养有信仰的人，讲好信仰的故事，为打造一堂有温度、有深度、有热度的思政课提供范例。希望我们的创作演出经历及感悟能让更多人从中受到启发。

本书以话剧《初心》多年的创作和演出的历程为内容，主要包括三部分："上编《初心》历程篇""中编《初心》心路篇"及"下编《初心》赓续篇"。"上编《初心》历程篇"记录了2017年以来话剧《初心》的缘起、创新及达到的效果。"中编《初心》心路篇"主要介绍了参与话剧《初心》创作及演出的师生们的心路历程，呈现师生们内心对话剧《初心》的难忘记忆及感悟。"下编《初心》赓续篇"是话剧《初心》扬起风帆后所带来的教育效应，它展示的是师生们赓续《初心》的信心，内容包括教师们对红船精神、思政育人的探讨，学生们观看话剧《初心》后的观后感。期望通过本书，能为各地高校在用好地方红色资源、促进思想政治教育、提升红色文化育人的实效性等方面，提供可借鉴、可推广、可复制的经验。

《初心集：思想政治教育实践成果案例》记录了初心团队从无到有、从有到优的成长过程，其中，有泪水更有欢笑，有失败更有收获。特别感谢各级领导、各位老师的帮助指导！感谢初心团队所有成员的奉献和付出！感谢全国各地观众朋友们的支持！感谢所有参与《初心集：思想政治教育实践成果案例》的师生！大连出版社的编辑们不仅负责本书的出版策划与统筹，而且对全书进行了细致的审读，提出了宝贵的意见建议，在此一并感谢！

另外，本书提及的活动都是在嘉兴学院时期内举办，嘉兴学院现已更名为嘉兴大学，在此特别说明。

由于时间仓促，作者水平有限，书中不免有错误或疏漏之处，真诚欢迎广大读者提出宝贵意见！

洪　坚

2023 年 11 月

目录

上编　《初心》历程篇 | 1 |

一、《初心》缘起与概要 | 4 |

二、《初心》特色与创新 | 14 |

三、"后浪"视角下的《初心》启悟 | 25 |

四、结　语 | 30 |

中编　《初心》心路篇 | 31 |

《初心》点亮信仰之光 / 虞　岚 | 33 |

心之所向，无问西东
　　——《初心》剧本创作前后 / 汪　娟 | 36 |

高校思想政治教育视域下红色话剧的实践育人模式探析
　　——以嘉兴学院原创话剧《初心》为例 / 徐小茜　王金超 | 40 |

我们终将在没有黑暗的地方相遇 / 甘国梁 | 46 |

历史重现，回顾热血经历 / 王丹璐 | 48 |

讲述《初心》，践行初心 / 周子豪 | 49 |

入《初心》不后悔，忆《初心》永难忘 / 厉国强 | 51 |

我在《初心》剧组的修炼 / 李林红 | 54 |

红船荡起涟漪 / 贾梦佳 | 60 |

我与《初心》/ 孙雨心 | 61 |

关于《初心》舞台的记忆 / 杨　森 | 63 |

我与《初心》/ 金哲凯 | 64 |

始于《初心》，终于情怀 / 钟杭行 | 66 |

我　们 / 王文祥 | 67 |

《初心》久远，薪火相传 / 孙　彭 | 68 |

在《初心》中感悟和成长 / 陆宏亮 | 70 |

只如初见，不忘《初心》/ 朱凌喆 | 71 |

我与《初心》/ 欧阳楷君 | 73 |

难忘《初心》，难放《初心》/ 赵正杰 | 74 |

我与《初心》的故事 / 王世尧 | 76 |

我在《初心》中成长 / 次仁卓嘎 | 77 |

初心不改，使命长怀 / 张鹏飞 | 79 |

岁月静好，初心永存 / 高正宇 | 81 |

忆《初心》有感 / 梁　能 | 83 |

《初心》之悟 / 王　博 | 85 |

初心不忘，再起航 / 林万候 | 86 |

我与《初心》/ 王长昊 | 88 |

初心不忘，流年不负 / 祁美佳 | 90 |

《初心》不落幕，青春不散场 / 徐　鉴 | 91 |

聚光灯之外 / 郑露曦 | 92 |

不忘《初心》/ 鲍宁静 | 94 |

下编 《初心》赓续篇 | 97 |

岁月静好，不忘初心
  ——观《初心》有感 / 张维肖 | 99 |

继往开来，谱盛世赞歌 / 缪 乐 | 100 |

建党百年，不忘初心 / 孙怡萱 | 102 |

不忘初心 / 郑艾琳 | 103 |

不负青春 / 黄雨欣 | 105 |

不 负 / 章绿绿 | 107 |

给青春播下一粒种子 / 陈 曦 | 108 |

初心是一切美好的本愿 / 孙中和 | 110 |

南湖旁，燃希望，定初心 / 曾 宇 | 112 |

一如既往的初心 / 王哲彬 | 113 |

百年相逢，初心不改 / 侯以卿 | 115 |

筚路蓝缕创伟业，初心不忘再起航 / 李蓓佳 | 117 |

回首百年，赓续辉煌 / 宋浙龄 | 119 |

南湖夜空的星星 / 斯朗拥宗 | 120 |

有一分热，发一分光 / 娄志强 | 122 |

接过传承红船精神的接力棒 / 陈家旭 | 124 |

以信仰之光照亮奋斗之路 / 江嘉雯 | 126 |

初心同在
  ——献给红船旁最美逆行者 / 郁添伦 | 128 |

巨龙飞腾 / 王嘉宜 陈 燕 | 129 |

附 录 | 133 |

附录一 《初心》大事记 | 135 |

附录二 《初心》媒体报道（部分）一览表（2017—2022） | 140 |

附录三 《初心》重要荣誉（2017—2022） | 145 |

附录四 《初心》社会评价（部分）集锦 | 147 |

后 记 | 184 |

上编

《初心》历程篇

习近平总书记在党的二十大报告中指出，弘扬以伟大建党精神为源头的中国共产党人精神谱系，用好红色资源，深入开展社会主义核心价值观宣传教育，深化爱国主义、集体主义、社会主义教育，着力培养担当民族复兴大任的时代新人。红船精神集中体现了中国共产党的建党精神。2005年6月21日，时任浙江省委书记的习近平同志在《光明日报》发表《弘扬"红船精神" 走在时代前列》的文章，首次提出并阐释了"红船精神"，阐述了中国共产党的源头精神，并对红船精神的深刻内涵、历史地位和时代意义进行了概括和提炼。红船精神的提出，丰富并发展了中国共产党革命精神史宝库，也成为高校育人的宝贵资源。

话剧《初心》作为嘉兴市文化精品工程重点扶持项目，充分挖掘地方特有的红色资源，以创作和演出红色剧目的形式，生动传播红色文化。从"培养有信仰的人，把信仰的故事讲给更多人听"的理念出发，以当代青年的视角再现经典，形成具有"青年解读、青年演绎、青年影响"的"红色文化传播链"。通过"沉浸体验""版权+基站""视频+线上"，形成"多屏"共振；通过"展演+活动""培训+参演"等形态，提升了红色文化育人的实效性。几年的历练，初心团队形成了三套演出阵容，通过生活化演绎和网络化传播，初心团队在传承与创新红色文化中形成了可复制、可借鉴、可推广的新模式。

话剧《初心》让青年当好"红色根脉"的传承人、守护者，让"红船精神"代代相传，让"红色江山"代代相传。

一、《初心》缘起与概要

原创红色话剧《初心》根据中共一大召开的真实史料记载，以嘉兴红船故事为创作载体，以20世纪初的国内外环境为时代背景，以中共一大代表李达的爱人、嘉兴籍会务人员王会悟的主要行动为主线，以毛泽东、董必武、李达、李汉俊等中共一大代表为主要人物，充分展现早期中国共产党人敢为人先、继往开来的奋斗故事和初心精神，全景呈现中共一大召开过程及创建中国共产党的光辉历程。

（一）红色基因必须传承，初心使命青年担当

在中华民族发展的历史洪流中，当下比历史上任何时期都更接近中华民族伟大复兴的目标。步入新时代，习近平总书记立足于确保党的事业薪火相传、确保中华民族永续发展的深远考虑，始终将青年和青年工作摆在民族复兴的坐标上来看。2021年5月，习近平总书记在《求是》杂志发表文章《用好红色资源，传承好红色基因，把红色江山世世代代传下去》，强调讲好党的故事。因此，挖掘"红船精神"所蕴含的丰富的育人价值，培养青年成长为勇于创新、奋斗、奉献的时代新人，既是答时代之问，也是应时代之需。

2016年7月1日，习近平总书记在庆祝中国共产党成立95周年大会上讲话时指出，一切向前走，都不能忘记走过的路；走得再远、走到再光辉的未来，也不能忘记走过的过去，不能忘记为什么出发。面向未来，面对挑战，全党同志一定要不忘初心、继续前进。受此启发，嘉兴学院与浙江省社会科学界联合会共同起意，考虑排演一部以党的一大会

议为主题的红色话剧《初心》。当时嘉兴学院文法学院已有15年的话剧会演经验,也正想以原创话剧来重温中共一大代表创立中国共产党的伟大时刻,通过话剧这种特殊的方式弘扬红船精神,使思政教育真正外化于行、内化于心。

2017年10月,习近平总书记号召"结合时代特点大力弘扬红船精神",更坚定了我们的决心,我们希望以话剧《初心》为依托,以建党百年为契机,进行创作和演出,以喜闻乐见的形式传承红色基因,打造一堂有温度、有热度、有高度的思政课,使红色文化走近广大青年学生。

2017年11月,话剧《初心》首演前的一次排练中,舞台指导郭素良老师对全体演职人员说:"初心,可不是两个字的事!"这句话可谓掷地有声。

初心,代表了无数仁人志士捍卫民族尊严、捍卫中华文明,用热血书写百年党史、用生命铸就民族脊梁的信念。初心,是一种原则,是一颗大公无私的心;初心,是一种动力,是一股不断创新的力量;初心,是一种责任,是一种为中国人民谋幸福、为中华民族谋复兴的情怀。不忘初心,在迷惑茫然时给我们方向,让伴着焦虑踌躇心情的我们拨开迷雾见月明;不

2017年12月9日,话剧《初心》首演成功

忘初心，在犬牙交错时给我们提醒，让播糠眯目的我们不迷失最初的目标；不忘初心，在春风得意时给我们警醒，让怀着扬扬得意态度的我们沉淀下来，戒骄戒躁。

担任编剧、副导演的甘国梁同学说："那一刻，我们明白，演的不是一出话剧，是沉甸甸的为中国人民谋幸福、为中华民族谋复兴的初心与使命。这激励着我们以一往无前的奋斗姿态、风雨无阻的精神状态，以青春之我、奋斗之我，谱写新时代中华民族伟大复兴新诗篇！"

（二）师生原创从无到有，精雕细琢力求精品

2017年1月，我们向全校发出剧名和剧本的征集、创作人员选拔的启事，最终选出8位同学组成创作组。2017年2月，成立初心工作室，由时任文法学院党委书记的洪坚老师亲自挂帅，党员汪娟老师主动请缨，带领同学们借阅了50余册相关书籍，从撰写中共一大有关人物的小传做起，边研究，边考证，边创作，用近3个月的课余时间进行创作，完成了话剧《初心》剧本的初稿。随后，剧本修改历时数月，召开50多次创作讨论会，成立了改编、导演、表演和推广等多方融合的新团队，历经推倒、重构、考据、研究，前后50余次修改。其间，校领导多次亲临指导，红船精神研究中心陈水林老师、马克思主义学院邱辰禧老师参与史料把关，学生郁添伦编曲、填词、演唱全包，学生甘国梁改编细

师生讨论《初心》剧本　　　　　　　《初心》剧本研讨会

节上百次。话剧《初心》最终在2017年11月29日定稿，随后投入紧张的排练。

初心团队成员注重细节，从桌椅、花草到台灯、书本，都一一考证，请教专家，只为更好地呈现建党背后的故事。为了节约成本，同学们自己动手做道具、服装，小到一个花瓶，大到一只红船。蓝印花布门帘是浙江嘉兴地域特色的非物质文化遗产，也是王会悟家乡桐乡的特产。为了买到合适的花布，服装设计学院的老师周末专程赶到桐乡工厂挑选，再由服装设计学院的同学帮助制作。其间，有的同学发着高烧，仍坚持排练；为了让舞台背景更鲜活，同学们四处寻找素材；为了核实一句台词，师生们查史料到深夜。与此同时，社会各界人士也不断提供帮助。上海舞台美术学会的专家百忙之中赶来为舞美出谋划策，上海师范大学的岳钦韬老师为剧组提供了珍藏多年的历史照片等。为了达到精良的艺术效果，每场彩排都邀请校内外的师生、热心人士观看指正。

《初心》剧本研讨现场

红船精神研究中心陈水林老师提出，让剧中董必武讲一下"真理的味道"是甜的；马克思主义学院邱辰禧老师提出，台词引用鲁迅1922年写的诗不符合时间背景；法学系欧阳仁根老师提出，在舞台上角色吸烟会引发青年教育层面的问题……一切的努力，最终形成了时长约70分钟的五幕话剧《初心》，展现了早期中国共产党人敢为人先、继往开来的奋斗故事和红船精神的时代魅力。

从校内首演到省内巡演，话剧《初心》每年在舞美、服装、音乐、台词等各方面不断改进，经历了五次大提升，精益求精。

（三）峥嵘岁月感悟初心，思政教育润物无声

话剧是通过舞台演出将剧中反映的生活情景直接呈现在观众面前的一种艺术形式，它作为中国特色社会主义文化建设的重要组成部分，与思政教育教学在教育形态和教育方式上具有一定契合度，它可以将抽象的思想和理念具体化、生活化、大众化，以便为观众所接受，从而更好地实现政治引领、伦理启蒙和社会教育的功能。我们充分利用话剧的舞台性、直观性、综合性、观众参与性等特点，通过台词、服装造型、音乐等方面对话剧《初心》中的人物进行塑造，让思政教育润物无声。

1. 台词成为校园经典名句

在对话剧中的人物进行塑造的过程中，台词是最为关键的手段和方式。在表演时，台词是塑造人物不可或缺的表现元素，准确、精到的台词会让人物更丰满、鲜活。初心团队在创编红色话剧《初心》时，查阅了大量史实与影像资料，撰写人物小传，并就话剧人物的台词开讨论会，还进行一次次模仿朗读。为了写好"'一大'传奇女性"王会悟的台词，团队上门请教王会悟在乌镇的亲友，了解人物生平以及性格特点，在不同的场景下转换台词的节奏，在声音和性格上彰显江南水乡的人物特征，使观众更能深刻理解人物，展现话剧的魅力。

话剧《初心》中毛泽东的扮演者安飞扬说："2018年4月，我首次登台演出，感受到台下观众专注热切的眼神，当我在台上用全力喊出'中国共产党万岁'时，禁不住热泪盈眶。在我眼里，那绝不仅仅是一句台词，更是我们剧组全体师生的共同心声。年轻的我渐渐开始体会到先辈们付出的艰辛，懂得了他们那一颗追求理想的赤诚之心。演出结束后，我激动地打电话对母亲说'我要入党'。"2021年5月20日，国家教育行政学院副院长于京天与教育部处级干部培训班学员观看演出后

说:"看了之后十分激动。那句'不怕的人面前才有路',令人印象深刻。"

初心团队成员牢记"文章合为时而著,歌诗合为事而作",立足时代的潮头,感应时代的脉搏,成为时代风气的先觉者、先行者、先倡者。正是有编剧团队和专家对剧本内容的锤炼,演员团队和导演对台词的打磨,才得以成就话剧《初心》,留下了脍炙人口的台词金句。如"一切都是值得的""中国人不能再等了,必须要有人做召唤黎明的雄鸡,做迎接风暴的海燕,做披荆斩棘的拓荒者""明知前途万难,明知九死一生,依然慷慨而行"等。每当听到熟悉的台词时,大家都会情不自禁地想起百年前,中国共产党为了中华民族伟大复兴、中国人民的幸福生活所付出的努力。

2. 造型体现对历史人物形象的尊重

造型是建立在人物分析的基础上,根据剧本对角色性格、行为、言语等的描述在服装造型上加以突出,使角色的性格更鲜明。根据资料记载与原始照片,王会悟年轻时以短发形象出现,但扮演王会悟的高徐阳生活中却长发飘飘。有一次她戴着假发上台时不小心把耳麦卡住,一下没有了声音,影响了演出效果。事后总结时,指导老师让大家讨论,当年的王会悟为了革命,自己的性命都可以不要,而今天我们在舞台上剪个发都不舍得,怎么演活人物?这样的表演是否尊重观众?团队一致认为,站在话剧舞台上有责任树立革命者最光辉的形象,把最好的演出带给观众。高徐阳也认为自己太不应该,虽然舍不得,还是含泪剪掉了长发。这次总结成为团队成员难忘的一次思政课,后来的10位王会悟的扮演者为更好地还原人物形象,都自觉剪了短发。

除了发型,服饰也是剧作成功的重要因素。设计好剧中人物的服饰能使观众联想到特定的历史背景,还能直观感知矛盾冲突的演进和人物情感的变化。民国时期,可供男士选择的常服主要有西装、长袍马褂、中山装这三大类，"服"为心声，选择穿哪一种衣服，并不是简单的个人喜好，也清楚地显示了一个人的思想倾向。如话剧《初心》中，思想开放的李汉俊始终西装革履，学问是先西后中、由西而中，装束也是先西后中、由西而

话剧《初心》演出服装

中。然而，同样留学日本的李达，在上海家中一直穿着传统的服饰，但他来到嘉兴时，脱去了长袍和布鞋，穿上了西装和皮鞋，从服装上能看出他性格包容、处事豁达的特点。长袍马褂始终是董必武的最爱，体现其对传统文化的执着。年轻气盛的刘仁静身着学生装，形制简便，展现当时青年大学生的积极热情、充满活力的形象。

3. 恰当的音乐提升思政教育的亲和力

戏剧中的音乐并不是一个有着自主结构的声音整体，它需要依附于影像，与画面元素建构出"并列——共存"的形态，使依循于戏剧内容的音乐将所承载的信息在画外广阔的想象空间中变换，从而焕发出人物思想情感的深远意韵，完成戏剧意义与含量的建构。可以说，与剧情相契合的音乐可以烘托出人物形象，渲染剧情发展的气氛，提高话剧的审美价值，为观众提供听觉上的享受。

因此，在话剧演出中，音乐的作用不容忽视。在话剧《初心》第一幕戏中，李达和王会悟两人以独白的形式交代了各自的身份。依据当时的时代背景以及之后两人从相遇到相爱的情感发展线，此处配以舒缓的音乐可以营造出当时的氛围，并在一定程度上协助演员把控台词节奏。在法国探长出场时，配以阴森的背景音乐，直接且深刻地塑造了一个阴

险狡诈的人物形象，渲染了紧张恐怖的剧情环境。

初心团队中，学生郁添伦专门为话剧创作、演唱主题曲《初心》。北京音乐剧团队为话剧改编音乐20余首。音控人员通过对音乐的编排，使音乐与叙事相辅相成，起到了升华作用；通过声乐的情感表达和视频的场景展示，营造爱国情境，点燃观众的爱国热情。当第五幕《敬酒》片段熟悉的旋律响起，由低向高的音律，由慢变快的节奏，把中国共产党人那种为民族、为人民奉献的青春激情，那种奋斗精神与自我牺牲精神演绎到了极点。每当这时，台下掌声雷动，使人不禁热泪盈眶。由此可见，恰当的音乐提高了思政教育的亲和力，更好地达到入脑入心的效果。

（四）热血催泪致敬百年，谱写时代绚丽篇章

话剧《初心》通过"红色＋育人"的新形式、"经典＋时尚"的新手法、"挖掘＋反哺"的新途径，探索红船精神宣传教育新模式。自2017年12月首演以来，全国公开演出100多场，线上线下3亿多人次重温了建党历程。初心团队共推出嘉院学生版、嘉院教工版、平湖职中版和湖南省汨罗市版、老年大学版等60多个授权版本，受到全国各地不同年龄层观众的喜爱。

嘉院教工版《初心》，学生当老师，老师当学生，教学相长

2021年6月，王会悟孙女李典女士专程来到学校看望初心团队，她说："演得真好，《初心》让我感动，剧中王会悟展现了我奶奶的真实面貌。"

2017年,《初心》入选嘉兴市文化精品工程重点扶持项目;2021年,《初心》入选浙江省庆祝中国共产党成立100周年百场优秀舞台艺术作品展演,《初心》片段之《开天辟地》获"追寻——庆祝中国共

王会悟孙女李典女士看望初心团队,与5位饰演王会悟的演员合影留念

产党成立100周年红色故事会全国大赛"二等奖;2022年,话剧《初心》入选浙江省高校原创文化推广行动作品,"让有信仰的人讲信仰的故事——红船旁的初心'后浪'宣讲团"入选第六届全国高校"礼敬中华优秀传统文化"示范项目。

在创作和演出的过程中,初心团队累计有400多名学生递交了入党申请书,200多名学生成为入党积极分子,42名学生入党,《初心》培养了一批具有坚定理想信念、强烈社会责任感、卓越创新精神的红船先锋。2016年至2018年,初心团队获浙江省"三育人"先进集体荣誉称号;2018年,安飞扬(饰毛泽东)获浙江省第二届大学生戏剧周"戏剧之星"称号,总导演王金超获浙江省第二届大学生戏剧周"最佳导演奖";2019年,竺雨露(饰王会悟)获第十一届浙江省大学生职业规划大赛职业规划类本研组一等奖,杨鹏(饰刘仁静)、陆宏亮(饰刘仁静)获第十六届"挑战杯"全国大学生课外学术科技作品竞赛一等奖,高徐阳(饰王会悟)、孔玉叶(饰王会悟)、张天豪(饰董必武)获浙江省第七届大学生中华经典诵读竞赛一等奖;2021年,贾梦佳(饰王会悟)在"我比任何时候更懂你"全网短视频主题活动中获评"十佳青青讲述人";2021年,初心"后浪"宣讲团获得嘉兴市、浙江省教育厅双重推荐参

评"最美浙江人"。

除此之外，初心团队在创新创业方面也是收获满满。2019年，《走在田间的红色话剧》获"农信杯"第二届浙江省大学生乡村振兴创意大赛金奖，

话剧《初心》总导演王金超作为全国大学生代表与教育部、省、市领导共唱《我和我的祖国》

《"初心"公益——演绎红色话剧，弘扬红船精神》获第五届浙江省"互联网+"大学生创新创业大赛银奖，初心暑期社会实践团队获2019年浙江省大中小学暑期社会实践风采大赛"百强团队"称号；2020年，《初心工作室——"沉浸式"情景剧使思政教育更鲜活》获第六届浙江省"互联网+"大学生创新创业大赛金奖；2021年，《初心红传——新时期思政教育第一课堂》获第七届浙江省"互联网+"大学生创新创业大赛银奖；2022年，《传承百年红色基因 汲取"根脉"奋进力量——创演话剧〈初心〉弘扬红船精神的实践探索》获第十七届"挑战杯"全国大学生课外学术科技作品竞赛一等奖，《初心红传——打造南湖旁"思政第一课堂"》获第八届中国国际"互联网+"大学生创新创业大赛铜奖。

初心团队收到了来自各地、各部门的感谢信。2021年5月13日，嘉兴

初心暑期社会实践团队带着影片奔赴全国各地，带领当地小朋友和村民共看话剧《初心》

学院《初心》话剧社（红船剧社的前身）收到了来自新华社的一封感谢信。新华社表示，为了庆祝中国共产党百年华诞，自3月23日起，陆续推出的系列重磅全媒体直播节目《红色追寻第四季：百年正青春》在网上持续热播，广泛传播，引发了广大网民特别是年轻网民的共情共鸣共振，并积极点赞分享，据不完全统计，系列直播在线观看人次突破5400万，总浏览观看量突破3亿人次。对此，新华社衷心感谢我校《初心》话剧社对此次系列直播的高度重视和大力支持，感谢参与直播的老师和同学的辛勤付出和不懈努力，并期待下一次能够继续合作。

从2020年8月开始，新华社跟拍初心团队，累计报道23次。党史学习教育期间，新华社评论嘉兴学院话剧《初心》"浸润、洗礼、传播……一出话剧也是一次党史的生动宣讲"。通过学党史、演红剧、守初心、育新人，话剧《初心》使"95后""00后"们既成为新时代、新理念、新思想的"忠实粉丝"，又成为推动党史宣传、党的创新理论"飞入寻常百姓家"的"优秀讲师"。

二、《初心》特色与创新

党的二十大报告强调："青年强，则国家强。当代中国青年生逢其时，施展才干的舞台无比广阔，实现梦想的前景无比光明。"报告中还对广大青年提出了"立志做有理想、敢担当、能吃苦、肯奋斗的新时代好青年"的重要要求。

初心团队自2017年成立以来，以"学党史、演红剧、守初心、育新人"为宗旨，充分挖掘革命红船起航地嘉兴特有的红色资源，以创作和演出红色话剧和歌曲等为主要内容，生动传播红色文化，当好"红色根脉"

的传承人、守护者。从而，切实增强红色教育的实效性，打造了高校红色育人品牌，推动了学校特色发展，提升了学校的社会影响力。

（一）品牌特色：挖掘当地资源+传承红色基因

红色基因是中国共产党区别于其他一切阶级政党的鲜明标识和政治优势。它淬炼于共产党艰苦创业的历程之中，书写着一代代共产党人努力拼搏、砥砺奋进的壮志豪情，是共产党宝贵的精神财富。红色资源为培养时代新人的目标提供了丰富生动的教材，挖掘好、用好红色资源是加强和改善思想政治教育工作的题中之义。

在嘉兴南湖的霞光里，一条红船跨越一百余载，依然行进在无数人心中，接受着凝望与敬礼。那是再普通不过的一条江南水乡丝网船，却承载了"谁谓河广，一苇航之"的自信和"直挂云帆济沧海"的豪情，更载有共产党人对"水能载舟，亦能覆舟"的领悟和践行。中国革命的航船在惊涛骇浪中成功到达彼岸，回望红船，初心不改[1]。

历史赐予我们的宝贵财富，正成为城市精神光谱中最闪亮的色彩，成为开拓未来的丰富资源和不竭动力。嘉兴市从中国共产党的"摇篮"，成长为中国改革开放的"排头兵"、创新发展的"先行者"，"敢为人先"这四个字已经融进城市血脉，成为一笔传之久远的宝贵财富，更成为凝聚人心、激励向上的

《初心》剧组部分同学在南湖边聆听中央宣讲团成员宣讲

---

[1]颜维琦.追寻一种精神的力量[N].光明日报.2017-12-17.

澎湃动力。这四个字的深处，蕴藏着嘉兴这座城市的红色基因和精神密码。嘉兴市作为中国共产党的诞生地，拥有丰富的红色资源，是传承、发展红色文化和党建培训的重地，是红色文化研学基地。

回望一种传统，寻觅一种精神，感悟一种力量，话剧《初心》以红船精神育人为特色，它不仅是一部原创话剧的名称，更是一个无形的、可溢价的、易传承的文化品牌。除创作和演出话剧《初心》外，初心团队还充分挖掘当地红色资源，创作了"初心"系列话剧作品。例如，以嘉兴籍"无冕女将"张琴秋为原型的《赤色雪婴》，以当地抗疫医护为原型的《白衣如甲》，以嘉兴地方早期共产党员为原型的《良心如玉》等。同时，一系列话剧的衍生产品，如明信片、雨伞、纸杯、T恤衫等也相继推出，在上海至嘉兴"南湖·1921"红色旅游列车及嘉兴市南湖景区售卖，将无形的文化化为有形，在潜移默化中打响当地红色品牌。

百年征程波澜壮阔，百年初心历久弥坚。南湖红船点燃星星之火，形成了中国革命的燎原之势，使四海翻腾、五洲震荡。新时代，面对新挑战、新机遇和新形势、新任务，话剧《初心》真实、生动地再现革命先辈建党的初心精神，感召一代代中国人弘扬传承伟大建党精神，成为嘉兴"红色之城"的一张金灿灿的城市名片。

（二）育人特色：思政教学改革+学术成果运用

习近平总书记强调，我们办中国特色社会主义教育，就是要理直气壮开好思政课，用习近平新时代中国特色社会主义思想铸魂育人，引导学生增强中国特色社会主义道路自信、理论自信、制度自信、文化自信，厚植爱国主义情怀，把"爱国情、强国志、报国行"自觉融入坚持和发展中国特色社会主义事业、建设社会主义现代化强国、实现中华民族伟大复兴的奋斗之中。嘉兴作为红色教育基地，拥有非常广阔的市场前景，嘉兴学院始终坚持以立德树人为核心的育人导向，探索以红船精神为核心的思政课育人模式，把红船精神融入思政教学改革全过程，运用原创手法和当代青年喜闻乐见的形式，师生齐心协力共同创作表演，充分挖掘红色资源中的育人元素，实现"学习中不断感悟、创作中不断体验、演出中不断升华"的效果。

嘉兴学院以培养应用型高素质人才为目标，通过"红色剧演＋思政教育"这种当代青年学生喜闻乐见的形式来创新思政教学模式，以丰富的教育载体，将弘扬红船精神作为锤炼当代青年理想信念的第一课，打造思政"金课"。2020年，嘉兴学院率先改革思政课，尝试把红色话剧植入《红船青春实践课》，鼓励学生开发原创红色情景剧，撰写红色剧本。话剧《初心》成为实践课内容，同学们通过在体验中浸润，在共情中洗礼，在激励中践行和传播红船精神，影响和感召更多的人与时代同频共振、同向同行，践行红船精神，矢志奋斗助力实现"中国梦"。同时，被推荐成为初心团队的成员，可以免修思政类实践课程，并获得"优秀"成绩，这大大激发了学生的思政课学习热情。

初心团队除了正常的排练外，经常开展党史、政治理论的学习与培训、座谈。2018年，嘉兴学院接受教育部本科综合性审查评估，话剧《初心》作为嘉兴学院思政课程改革的经典案例展示，受到专家们的高度肯定。

关于话剧《初心》培养并促进当代青年自身不断成长的例子有很多。道具组有一位来自西藏的孤儿次仁卓嘎，刚来到南湖畔的她胆小、内向，

初心团队参观革命基地，感受革命精神

在新生始业教育时看了话剧《初心》，深受感动，要求加入《初心》剧组，并递交了入党申请书。在《初心》的陪伴下，她真正感受到红船精神的浸润，努力学习，政治上不断进步，终于成为一名党员。毕业之际，次仁卓嘎代表毕业生发言："我为自己是红船旁的一名大学生感到自豪，我要把《初心》带到雪域高原，带回我的家乡。"为了演好青年毛泽东，安飞扬每天晚上跑五公里，一个半月体重减了30斤。经过3年的浸润洗礼，2020年12月，他终于在南湖边宣誓入党。2021年1月19日，他在《光明日报》发表文章《学初心 演〈初心〉践初心》："让更多人感受信仰的力量，是我们《初心》剧组全体成员最大的心愿，也是我们青年一代勇担时代使命、践行'红船精神'的体现。"

如今，话剧《初心》不仅成为新生始业教育、党员教育、干部培训的必修课，更成为党史学习教育、传播红色文化的重要载体；不仅成为学院文化精品，更成为具有红船旁大学人才培养成果的生动体现。

初心团队还倡导公益，期望带动更多人加入红色文化的创作与推广中，主动承担起传承、弘扬红色文化的社会责任。演出话剧取得的收益全部用于话剧再创作、道具及推广（包括支持暑期文化小分队活动、义务培训）等费用。

嘉兴学院拥有教育部人文社会科学重点研究基地"嘉兴学院中国共产党革命精神与文

安飞扬（毛泽东扮演者）文章《学初心 演〈初心〉践初心》发表在《光明日报》上

化资源研究中心"、首批"全国高校思想政治理论课教师社会实践研修基地"等平台，以高度的文化自觉，将对红船精神的学习研究作为理论和党史研究的头号工程。强大的党史研究团队和师资力量在剧本的创编和传承过程中，充分发挥了"智库"优势，把最新的研究成果运用在话剧中，众多历史细节借编剧的妙笔被完美而不着痕迹地还原。

话剧《初心》充分发挥红色资源育人的独特优势，在内容和形式上新颖多样，改变了以往红色文化教育内容单一化、实施路径扁平化等不足，使高校的红色文化教育更具有吸引力，更具融合性和协同性。该话剧把建党精神与红船精神融入人才培养中，增强了红色文化育人的思想性；把建党精神与红船精神融入校园文化中，增强了红色文化育人的有效性，使师生协力组成了一支不断创新的编创团队、一支薪火相传的演出团队、一支文创物化产品设计与营销团队。

（三）实践特色：演绎红色故事，人人都是宣讲员

嘉兴学院坚持理论教育与实践相结合，知行合一，注重教育，引导师生在亲身参与中增强实践能力，培养学生的实践能力、创新意识、社会责任感、爱国情怀等，推动以文化、实践育人，统筹思政实践教学、社会实践活动、创新创业教育、志愿服务等载体，以鲜明的价值导向，将弘扬红船精神作为践行社会主义核心价值观的突出要求和特有底色；促进有机融合、同向同行，形成全员、全过程、全方位的育人实效。

自2017年12月首演以来，《初心》在全国公开演出100多场，不仅让观众重温了建党历程，也让师生们完成了一次次思想上的蜕变。900多个日夜，从最初的9人创作小组，发展到500多人参与的演职团队。初心团队的同学们感悟到了《初心》的魅力，把红船精神融入血脉，不断从中汲取真理的力量、创新的力量、实干的力量、道德的力量。

2021年6月1日至5日，初心团队受邀参加浙江省援疆指挥部、

中共沙雅县委、沙雅县人民政府、嘉兴援疆指挥部、第一师文化体育广电和旅游局举办的"浙沙共庆建党百年""浙阿共庆建党百年"活动。30多名师生跨越4000多公里，把《初心》从江南水乡带到了丝路重镇和天山南麓，在新疆沙雅县科技文化艺术中心和阿拉尔市大剧场上演3场，在当地引发了热烈反响。

剧组跨越4000公里奔赴新疆　　新疆维吾尔族人民观看话剧《初心》

此次新疆演出困难重重，气候的炎热、时差的困扰、行程的紧张、道具的稀缺、身体的不适……但团队成员都一一克服，圆满完成了演出任务，将南湖红船的故事带到新疆，让更多人了解革命先辈的那段峥嵘岁月。观众木克德斯·尼亚孜表示，她看完话剧《初心》后深受感动，"我们现在的幸福生活来之不易。作为一个年轻人，我更要学习党的历史，把这种精神传递给身边更多的人"。

建党百年之际，嘉兴学院初心"后浪"宣讲团开始宣讲活动，演一处讲一处，当代青年们演绎《初心》，感悟"初心"，并带动更多人成为红色宣讲员。通过"学党史、演红剧、守初心、育新人"，宣讲团成员开展"七进"活动（进企业、进校园、进机关、进社区、进农村、进家庭、进公共场所），面向全国进行红色文化宣传推广。孔玉叶（第四任王会悟扮演者）走进王会悟纪念馆，宣讲王会悟的故事。贾梦佳（第六任王会悟扮演者）在"我比任何时候更懂你"全网短视频主题活动中获评"十佳青青讲述人"。

2022年，初心"后浪"宣讲团队开展竞答式、感悟式等丰富多样的二十大精神宣讲活动13次，覆盖线下近千人次，线上8.2万人次。2023年6月30日，初心"后浪"宣讲团队来到浙江省丽水市景宁畲族自治县景南乡演出原创话剧《初心》，进行理论宣讲。

话剧《初心》总导演王金超参加红船微党课，讲述"初心"故事，弘扬红船精神

如今，由初心团队参与的南湖边的艺术微党课《在南湖遇见你——艺术党课》成为嘉兴市唯一一个首批省级旅游演艺精品项目，形成了来南湖"必听一堂课、看一场剧"的独特风景。从课堂到田间，从校内到校外，初心团队以话剧形式给大众上了一堂形式别样的思政课。

"后浪"宣讲团走进嘉兴吉水小学宣讲红船故事

初心"后浪"宣讲团在浙江省丽水市景宁畲族自治县景南乡进行理论宣讲

值得一提的是，2023年9月7日到8日，话剧《初心》走进北京，登上国家教育行政学院逸夫报告厅和北京理工大学良乡校区体育馆，连续上演2场，取得圆满成功。9月7日晚，全国高校领导干部进修班、全国高校高层次人才研修班、全国高校中青年干部培训班、教育部机关

新入职公务员培训班暨直属单位新进工作人员培训班学员，中国电科电子科学研究院青年代表等500余人现场观看演出。9月8日晚，北京理工大学、北京中医药大学、首都师范大学、北京工商大学、北方工业大学等高校的1000余名师生现场观看演出。初心团队首次受邀进京演出，得到了现场领导、嘉宾和师生的一致好评。这既是一次展演，也是一次交流，把嘉兴学院思政课改革创新成果推向了全国舞台，对于学校进一步深化"'红船精神+'大思政课"建设、持续擦亮红船精神育人特色具有里程碑意义，也为高校进一步推动思政课改革提供了借鉴。

（四）创新特色："情景体验互动"+"融媒矩阵赋能"

初心团队通过观念和手段、内容和形式上的不断创新，对"红船精神"进行了全新的诠释。初心团队挖掘地方红色资源，立足打造当地的红色文化品牌，紧扣地方特色，以非艺术专业学生为主大胆尝试创作演出，通过"走出去、请进来"，讲好初心故事，打造"沉浸式"情景剧新模式，改编了《南湖建党》等多个版本的情景剧，通过"看、演、传、显"让更多人参与体验，增强互动性，形成共情，引起共鸣，从"可听"到"可视"，从"平面"走向"立体"，把"红色剧演+思政教育"以体验互动的形式向社会开放，使红色教育鲜活起来，将内容、形式、传播途径、衍生品等进行全方位的包装和设计，挖掘红色资源所蕴含的更深层次的价值。

2020年全国高校思想政治理论课教师"红船精神"主题教育暑期研修班

2019年，全国

高校思想政治理论课教师"红船精神"主题教育暑期研修班思政论坛在嘉兴隆重举办，来自全国46所高校的500余名思政一线教师参加了此次论坛，并观看《初心》。在2020年的全国高校思想政治理论课教师"红船精神"主题教育暑期研修班上，来自广东、河北、江西、湖南等省的8所高校的思政老师观看了一场"沉浸式思政情景剧"，而演绎该剧的同样是思政老师。"我们是在先烈的感召下参与演出的！"剧中毛泽东的扮演者是深圳信息职业技术学院马克思主义学院院长夏晋祥，56岁的他是舞台上最年长的一位演员。在排练的过程中，他一丝不苟、全情投入。他说："这是我第一次尝试思政情景剧，是我们向先烈致敬的方式，也是我们思政老师敢为人先精神的展示。"沧州医学高等专科学校马克思主义学院院长闫献伟说："通过沉浸式的演出，不但把史实展现了出来，还让人如同身临其境，非常容易在思想上产生共鸣。"其他老师们也纷纷表示，这部"沉浸式思政情景剧"不仅是教学改革、思政改革的尝试，更是一种从内容到形式的创新，他们要把这堂鲜活的思政课带回学校，把红色文化带到全国各地。

如今，《初心》成为嘉兴学院党员干部教育培训特色课程。初心团队考虑到剧本的可复制和可推广性，推出6分钟、8分钟、10分钟、15分钟、70分钟等不同时长的剧本，并于2018年开始授权试点。

在首个试点单位平湖市职业中等专业学校取得较好反响后，初心团队将授权

嘉善县青少年宫版

范围扩大至全省乃至全国的大、中、小学及企事业单位。这样一来，许多人都获得了演绎"沉浸式"情景剧的新体验。如今，结合地方特色，群众演绎版本已经有68个。"当我们把不同时长的剧本上传至社交媒体时，有许多用户提出授权剧本的需求。"《初心》总导演王金超说。授权基本上是免费的，授权后，初心团队成员还会前往授权点为他们提供排练指导，成员们从自己演变成教别人演，个人能力也得到了大幅提升。马雪琛（张国焘的扮演者）记得，当他们在嘉善县青少年宫面向一众小朋友表演后，小朋友们上前将演员团团围住的场景。马雪琛说："红色文化融入少年心，我们很高兴看到越来越多的小学生对革命往事投入的真感情。"

当代青年学生成长于全球化、信息化、市场化的时代背景下，日益多元的信息生产主体、传播渠道和消费方式，为思政工作的有效开展带来诸多不确定因素。当下，看电影、追网剧、刷短视频、玩网游等活动在国民的休闲娱乐生活中占据较大比重，戏剧及其延伸而出的网络视听内容早已成为青年群体认知外部世界、体验道德情感的重要窗口，对于世界观、人生观、价值观的塑造发挥着重要作用。

初心团队参与《老兵你好》节目录制

初心团队参与《学习强国》节目录制

2021年，新华社、中央广播电视总台《老兵你好》节目、中国青年报社等纷纷邀请《初心》剧组参与直播活动和节目录制，以新媒体方式上好一堂思政课，传播红船故事，线上受众突破3亿人次，产生巨大的社会影响力。同时，初心团队充分运用现代科技和信息技术，积极借助融媒体拓展微信、短视频、直播等传播途径，使红船精神的宣传手段更精、传播范围更广、影响效果更好。

2021年5月，作为第七届浙江省国际"互联网+"大学生创新创业大赛的同期活动，嘉兴学院原创话剧《初心》百校巡演公益活动在梁林校区剧场举行。活动共吸引了省内20余所高校的300余名师生参加，并在线上同步直播，约18万人次观看了直播。话剧《初心》以"一堂大课"的形式呈现，打造一堂集思想政治教育、党史教育、创新创业教育、服务乡村振兴等为一体的中国"金课"，激励广大青年学子在为祖国、为民族、为人民的不懈奋斗中立大志、明大德、成大才、担大任。

三、"后浪"视角下的《初心》启悟

当代大学生是社会上思想活跃、求知欲强烈、情感丰富且敏感的一个群体。随着社会的不断发展和进步，丰裕的物质生活条件、良好的教育背景、开阔的文化视野为当代大学生群体追求精神共同富裕提供了良好的环

送戏下乡，助力精神共同富裕

境与氛围。同时,"95后""00后"的"后浪"们的精神世界也不可避免地受到全球经济日益发展与政治多极化、文化多元化、物质生活水平巨大提高等外界因素的影响,不论内隐的思想道德、价值信仰、心理状况,还是外显的人际交往和学习娱乐,都有其自身特点。

优秀文艺作品总能以其特有的感染力和感召力,成为人健康成长的精神食粮,对促进人的全面发展起着不可替代的作用。多年来,初心团队薪火相传,累计有500多名师生参与,目前,团队中的在校学生有77人。初心团队通过网络问卷调查、走访等形式对大学生的精神需求等相关内容进行调研,并对"参与《初心》"(200人)、"观看过《初心》"(872人)、"不了解《初心》"(368人)这三类人群进行比较。问卷回收1440份,有效问卷1440份。问卷调查反映出当代大学生总体精神需求多元广泛,精神生活丰富多彩。话剧《初心》对大学生们精神层面有极大的影响,有助于提升大学生的精神层次,有助于促进大学生的全面发展。其中,"参与《初心》"的人群明显在理想信念、价值追求、文化活动、创新能力与意识等方面最为突出,而"观看过《初心》"的人群表示,该话剧对他们的人生有一定的影响,能够产生正能量。

关于优秀文艺作品的评判,习近平总书记曾说过,精品之所以"精",就在于其思想精深、艺术精湛、制作精良。话剧《初心》正是有正能量、有感染力,能够温润心灵、启迪心智,传得开、留得下,为人民群众所喜爱的优秀艺术作品。正因如此,才对大学生的精神世界起到了丰富和促进的作用。

（一）以"社会主义核心价值观"为引领，铸造大学生的精神支柱

社会主义核心价值观不仅是中国人民在共同生活中形成的价值共识，也是当代大学生的价值准则，为大学生提供精神支柱和价值引导。浙江省第十五次党代会明确提出"'红色根脉'是党在浙江百年奋斗最鲜明的底色"，"红船精神"所包含的首创精神、奋斗精神、奉献精神三大核心内涵蕴含着丰富的精神价值。

如何运用好最生动、最有说服力的党史教科书，如何让年轻一族喜闻乐见，是初心团队一直思考的问题。话剧《初心》以"后浪"的视角回望伟大历史事件，将弘扬主旋律与适应市场需求相结合，剧中主人公青年毛泽东等先进青年理想远大、道德高尚，符合当前我们大力提倡的社会主义核心价值观，青春励志也切合了今天部分大学生理想缺失、精神空虚的现状。话剧《初心》在情节组织、情感表达等诸多方面紧扣日常生活，具备更多的市场元素，在时尚化的叙事中传播主流意识形态，树立起社会主义核心价值观，拉近了伟人与观众的距离，增强了作品的观赏性，很好地满足了当代大学生的情感需求。

话剧《初心》在创作和演出过程中突破传统的桎梏，创造性地将温度与筋骨、深情与厚谊相融，打造了一堂融政治性、思想性、艺术性于一体的艺术党课，展示了党的光辉历程和伟大功绩，既生动又鲜活。

（二）以"确立理想信念"为目标，磨炼大学生的精神品格

坚守信念阵地，话剧《初心》这部主旋律作品的每场演出都是一次

精神洗礼。话剧以南湖建党为主要背景，通过讲述一批年轻共产党员的工作生涯、革命情谊和纯真爱情，展现了他们"指点江山，激扬文字，粪土当年万户侯"的远大抱负和崇高理想。观众犹如享受一席丰富的精神盛宴，体会到了一代伟人青年时代的激情勃发，感受到了久违的壮志飞扬。

初心团队的成员也感受到了一大代表们视天下为己任的初心振动，感受到了21世纪青年大学生肩上的责任与使命，越来越多的团队成员感悟到党的"初心"魅力，纷纷递交了入党申请书。从2017年团队没有一个党员，到如今近60多名党员，话剧《初心》培养了一批具有坚定理想信念、强烈社会责任感、卓越创新精神的红船先锋。

建党百年，乘着"学党史、演红剧、守初心、育新人"之风，团队成员开展"七进"活动（进企业、进校园、进机关、进社区、进农村、进家庭、进公共场所），"95后""00后"们成了新时代、新思想、新理念的"忠实粉丝"，同时又成了宣传党史及党的创新理论的"优秀讲师"。

演《初心》、悟初心、践初心，新时代"后浪"们的信念将更加坚定，以初心融入血脉，把使命扛在肩头，通过演绎话剧《初心》，带动千万颗跟党走的红心！

（三）以"建立良好的校园文化"为平台，打造大学生的精神家园

校园是大学生生活的主体环境，校园文化是大学生精神建设的重要组成部分。话剧《初心》以充满生活情趣的故事和引人入胜的细节吸引广大青年观众，剧中的青年人没有把自己封闭在卿卿我我的狭小天地，而是充满着青春的活力与激情，怀揣着国家的前途和民族的命运。这样

的校园文化活动对大学生精神世界的熏陶具有积极意义，剧中的伟人形象由同龄大学生演绎，特别能打动今天的青年观众。

话剧《初心》是一部"沉浸式"情景剧，通过"看、演、传、显"让更多人参与体验，形成共情，引起共鸣。对外，话剧《初心》如今已成为新生始业教育必修课、红船精神青春实践课，以及党员教育培训基地的教学内容，每年收到的观后感有上百份，每年也有上百名新生积极报名加入红船剧社（社团，《初心》剧组是其一部分）。对内，初心团队成员的学习目标更加明确，他们自信阳光、热情助人，在传播红色文化过程中深刻感受到个人价值与社会价值相结合带来的内心充实与精神愉悦。

（四）以"把握网络时代脉搏"为抓手，改良大学生的精神需求

当今，在影响和决定大学生精神世界的社会因素中，网络占据了很大因素，许多大学生会把课余时间用在网络上。因此，要想改善大学生的精神需求，需要经常组织一些有意义的活动陶冶情操、美化心灵、激发灵感、开启智慧，避免不良思想文化的侵蚀。初心团队成员在创作上紧跟时代浪潮，在去粗取精、去伪存真的基础上，与时俱进，积极创新，写出了脍炙人口的台词金句，比如，"中国人不能再等了，必须要有人做召唤黎明的雄鸡，做迎接风暴的海燕，做披荆斩棘的拓荒者！"同时，团队成员还带动了一群年轻人参与写红剧、红歌，创作剧本杀等活动。

今天，红船起航的地方叠加了"红色根脉""重要窗口""共同富裕示范区"三重政治责任和时代使命，当代大学生群体是与改革开放的中国同向而行、共同进步的一代。舞台艺术精品带给大学生无限的梦想，

拔高梦想的高度，使他们精神变得富有。他们将不负韶华，不负时代，在精神富裕的大路上行稳致远。

四、结　语

习近平总书记在2023年新年贺词中说："明天的中国，希望寄予青年。青年兴则国家兴，中国发展要靠广大青年挺膺担当。年轻充满朝气，青春孕育希望。广大青年要厚植家国情怀、涵养进取品格，以奋斗姿态激扬青春，不负时代，不负华年。"

嘉兴学院党委书记卢新波说："作为办在革命红船起航地嘉兴的高等院校，学校将继续把党的历史学习好、领悟好，把党的成功经验传承好、发扬好，不断增强大学生的政治认同、思想认同、情感认同，不断提升思政课程铸魂育人的成效，培养学生成为担当民族复兴大任的时代新人。"

多年来，话剧《初心》成为嘉兴学院叫得响、传得开、留得下的品牌。"一船红中国，万众跟党走"，红船旁高校师生将把握新机遇，探索新模式，让一部话剧《初心》感染千万颗跟党走的"红心"，让更多的人通过不一样的思政课感悟精神力量，体悟伟大建党精神和红船精神。

中编

《初心》心路篇

《初心》点亮信仰之光

虞 岚[1]

一部话剧，一千多个日夜。从2017年年初最初的9人创作小组，到2021年500多位师生参与演出，从教师到学生，从校内到校外，《初心》这部嘉兴学院文法学院师生自创、自编、自导的话剧点亮了众多学子的信仰之光，对嘉兴学院学子们的影响力之深远是有目共睹的，这信仰之光引领着学子们向光而生，不负韶华。

文法学院历来有组织学生进行话剧表演的传统，在2017年话剧《初心》会演前就有组织十六届话剧会演的经验。可以说，在话剧《初心》这些年的步履中，学工办老师们都是全力以赴，共创《初心》。给我留下印象最深的是2017年在杭州下沙高教园区开启的巡演之路，当时引起了强烈的反响，实现了嘉兴学院话剧表演走出校门、走向浙江的第一步！如果从提升学生的德育效果、加强党史教育、营造校园文化的角度来说，《初心》这部话剧为高校学生思想政治教育提供了一种生动有效的鲜活形式，是一部意义非凡的话剧。

一、不忘初心的精神洗礼

作为办在党的诞生地南湖红船旁的大学，嘉兴学院始终自觉把传承弘扬红船精神作为学校的办学使命和责任担当，将红船精神融入校园文化建设，充分发挥红船精神育人价值。

---
[1]女，文法学院党委副书记、副教授。从事学生思想政治教育研究。

在话剧《初心》创作和演出的过程中，团队中越来越多的同学开始感悟到党的初心的魅力，很多同学自觉地向党组织靠拢，有的递交了入党申请书，有的成为入党积极分子，有的申请到党校旁听。作为学生思政教育工作的范本，话剧《初心》的演出犹如一场浩荡春潮奔涌在学生之中：剧中一大代表们的初心激发了学生们追求对党的信仰和对初心的坚守，给嘉兴学院年轻的学子带来深刻的精神洗礼。2016级的王丹璐说："在长达3个月的《初心》创作中，一大代表们坚定的视天下为己任的一幕幕情景都深深刻在我的心里，让我为之沸腾、向上。所以在这学期一开学，我就上了党课并递交了入党申请书，我想让自己能靠近党一点，再近一点，去感受她的魅力，成为她的一部分。"

踏上信仰之路，将"小我"消融于"大我"，对于众多20多岁的嘉兴学院的学子们来说，这是何其光荣的使命，这是何其壮丽的征程！

《初心》这部红色话剧作为红色文化育人的有效形式，既是传播和弘扬中国共产党革命精神的重要手段，也是实现高校学生思政教育改革的有效手段，这种精神上的洗礼对学生而言是无形的，它使我们的党支部工作更好开展，更加有信服力。

二、不忘初心的赤子情怀

时间淬炼信仰，岁月书写荣光。历史的场景几经转换，红色印迹却始终不变。我院学子们通过话剧《初心》生动地了解了党的历史、党的初心，以心中的信仰之光砥砺前行。

2018年，话剧《初心》全年演出10场，将其作为探索红船精神、融入思政教学改革的重要手段。同时，初心团队策划了原创话剧《初心》教工版，其中有7位辅导员参演，展现了作为党诞生地的高校辅导员们不忘初心、牢记使命的责任与担当。

话剧《初心》获第四届校园文化品牌精品项目、嘉兴市文化精品工程重点扶持项目,初心团队获校级暑期社会实践的"十佳团队"称号、浙江省"三育人"先进集体荣誉称号等。

在话剧《初心》的带动下,文法学院的同学们的思想境界有了极大的提升。学法学的同学们自愿开展模拟法庭教育活动16场,法援活动27场,受益群众1800多人次。其中,为秀洲区法院诉讼引导服务104小时,为嘉兴市戒毒所法制授课128课时,为法律援助中心志愿服务142小时,累计教育、服务1350余人次。

话剧《初心》还提高了很多同学的学习积极性,激励他们不断挑战自我学习能力。近年来,我院学生参加省级以上学科竞赛获奖数创历史新高。在浙江省第六届中华经典诵读竞赛中获得一等奖,取得了历史性的突破,《"初心"公益——演绎红色故事,弘扬红船精神》获第五届浙江省"互联网+"大学生创新创业大赛银奖,《走在田间的红色话剧》获"农信杯"第二届浙江省大学生乡村振兴创意大赛金奖,《二十四节气+慢生活小镇》获"农信杯"第二届浙江省大学生乡村振兴创意大赛三等奖,学院的辩论队蝉联校辩论赛冠军等。

2019年,话剧《初心》在主题教育期间受全国各地邀请,专场演出11次,全国展演达40场,开启了全国巡演上海站,收到431篇话剧观后感。与此同时,我们在学生中组织"红色之声"读党章、"指尖上的微党课"等活动,开展每月一次的热风青年读书会、"青苗"学术月,师生共同走进红色展馆担任红色义务讲解员。革故鼎新需要血脉相续,长盛不衰需要枝繁叶茂,从2017年话剧《初心》诞生至今,文法学院的学子们传递着接力棒,话剧《初心》已成为嘉兴学院的学生文化标志,学子们用实际行动践行着"牢记初心"的赤子情怀,使《初心》散发出耀眼的光芒,吸引着他们前进。

时间或许有"过去"与"未来"之别,而信仰的光芒却能照耀百年,让青年披荆斩棘以从之,让青年勇往直前以赴之。话剧《初心》让我们看到了历经百年却始终年轻的中国共产党，还将在新时代中继续书写波澜壮阔的红色篇章。

心之所向，无问西东

——《初心》剧本创作前后

汪 娟[1]

在中国戏剧发展史上，大学生校园话剧的活跃是一个引人注目的现象。大学生校园话剧带给学子们的是一种潜移默化的精神滋养，因而在高校的文化建设中，话剧一直发挥着重要作用。

2017年1月，文法学院洪坚书记召开中文系党支部会议。作为红船旁的高校，如何将党的红色革命历史融入学生的党史教育中？以何种途径让学生在学习党史中进行自我教育的创新？伴随着这两个问题的讨论，洪书记提出了中文系以话剧形式传递当代学子"不忘初心，继续前进"的人生情怀，并确定了话剧的主题——"初心"，其内容围绕中共一大在嘉兴红船上的这段党史，最关键的是，剧中要将嘉兴籍王会悟女士作为创作中的重要焦点人物。

要创作话剧，谁来写？中文系并没有戏剧专业方向的指导老师。从冬至春，这期间尝试过面向学生征稿、聘请专业人员进行创作等各种办法，但都未达到我们的预期，数次讨论都无果而终。2017年2月末的

---

[1] 女，文学博士，文法学院中文系副教授。从事中国现当代文学及区域文化研究。

一次会议后，我主动提议，由我来组织学生创作，虽然成败不定，但动手总比动口离目标近一些，我承诺5个月内完成创作任务。

我的专业方向是中国现当代文学，在文学史课上也讲过百年话剧史，讲田汉、曹禺等的话剧，但对创作，我完全是外行，所以真的要做时，内心的焦灼之情很快就表现在精神上，我感到压力巨大，每天吃饭、睡觉都想着这件事，真的是寝食难安。但我从未后悔，正如《初心》中的一句经典台词，"明知不可为而为之"，硬着头皮迎难而上。我首先发出求助信，先后向南京大学、上海戏剧学院、中国传媒大学等相关专业的熟人请教，经过一番调研后，我有了信心。

在诸多老师的动员下，中文系2015级、2016级的6位同学主动参加了话剧《初心》的创作团队，他们是：2015级汉语国际教育专业的厉国强、汉语言文学专业的钱露颖，2016级汉语国际教育专业的王丹璐、张安安、周佳静（这三位同学是当时我任班主任的162班学生，经我动员后参加）、李雅婷。学工办的计丹峰老师又介绍了穆旦诗社的社长展祥科同学来，他是信息科学与工程学院（机械工程学院）计算机科学与技术专业的学生，担任《初心》创作组组长，还有一位曹姣同学也是理科生，她在《初心》剧本征稿活动中脱颖而出，我们诚邀她一起参加创作，她爽快地答应了。

2017年3月2日，在梁林校区仁心楼441办公室，我与创作小组的8位成员开始了创作。剧本要表现一大在嘉兴红船上的这段历史，可谓题材重大、立意深远。怎样把重大题材、严肃党史创作好，同时又能获得师生们的肯定，这是我在创作指导时反复思考的问题。嘉兴学院作为红船起航地的高校，对于党史的研究有着丰富的成果，为我们的话剧创作提供了得天独厚的创作条件。我带领同学们在嘉兴市图书馆、学校图书馆、红船精神研究中心资料室查阅了大量的党史资料，前后借阅了50多本书，让创作组成员每人选一位一大代表写篇小传。其中，王会悟的所有资料要通读并总结其人物特点。

党史理论的前期学习为剧本创作奠定了坚实的基础，创作组成员对一大人物悄然熟记于心。然而，接下来的创作并非一帆风顺，创作组成员对于每个场景、人物、台词、动作的设定从来没有统一过，总是充满了争论，有时甚至很激烈。无奈之下，我想了一个办法，让他们将所写的台词大声读出来，看是否合乎逻辑，是否顺口，能不能体现人物性格；对于剧情中设计的每个动作也要求他们演练一下，看是否适合舞台表演，有无不妥之处。在此期间，我们师生每周周五晚至周日晚，除了吃饭、睡觉，都在441办公室共同度过。剧本创作结束后，我们彼此结下了深厚的友谊。

实事求是地说，剧本创作的过程对我而言也有煎熬的时候，周一至周五要上课，还有各种繁杂事务缠身，周末又不能休息，以致身心疲惫，有时真想偷个懒，好好休息一下或者全家一起出去放松，但却不好意思推托。因为这件事是我自己的选择，我唯有坚持，咬着牙整整3个月连轴转。洪书记周末常来看望大家，虞书记有次买了许多零食，这些都成为学生们的开心时刻。

话剧《初心》的创作经历对我们师生是一次精神的洗礼，我及同学们都刻骨铭心，永生难忘。在创作时，我们穿越百年风云，确确实实感受到了中国共产党的伟大，感受到了毛泽东、董必武、何叔衡、陈潭秋、王尽美、邓恩铭等共产党员作为先行者的"初心"。创作组的学子们切实感受到了高校大学生在新时代生活的意义和价值，有了坚定的信念。他们相信，未来的中国需要他们去建设，去编织一个属于他们的梦想。创作组的王丹璐、周佳静等同学主动递交了入党申请书，钱露颖彼时已是入党积极分子。2017年6月，在文法学院组织的创作汇报会上，创作组每一位同学都踊跃上台发言，谈自己对党的认识，其思想之深刻也让我感到了这次创作给他们带来的思想上的巨变。

2017年5月20日左右，剧本初稿完成，文法学院专门邀请党史专家陈水林老师、马克思主义学院邱辰禧老师及院领导、中文系教师等进行交流改稿，并与当时在话剧方面已有所建树的王金超、甘国梁等同学讨论修订一事。至此，我作为指导老师的使命已完成。在之后的日子里，主要由洪书记带领王金超、甘国梁等同学组织了50多次创作讨论会，最终，历经50多次修改、1000多小时的排练后，于2017年12月9日，话剧《初心》成功首演。这期间我也参加了一些讨论和修改，包括话剧首演及杭州下沙高教园区的演出排演的指导。

时光一晃，到了2021年建党百年之际，由嘉兴学院的学子们自编、自导、自演的话剧《初心》已经五岁了。作为嘉兴学院学子们向建党100周年的献礼之作，《初心》曾受到中央广播电视总台、《光明日报》、《浙江日报》、《中国青年报》等80余家媒体近1000次的报道，获得社会好评。话剧《初心》已经成为浙江省高校及嘉兴学院红色文化育人的标志性成果，这正是嘉兴学院师生们利用地方红色资源、弘扬红船精神、赓续红色血脉的重大实践。

百年大党，风华正茂。回望峥嵘岁月，革命先辈们的勇气与坚守总能带给人历久弥新的感动。指导《初心》剧本创作的这段经历让我更加深刻感受到，作为一名普通的中国人，作为一名普通的共产党员，作为一名高校的普通教师所肩负的责任和使命。每代人都有每代人的责任，每代人都有每代人的担当，而我们呢？当心之所向，无问西东！

高校思想政治教育视域下红色话剧的实践育人模式探析

——以嘉兴学院原创话剧《初心》为例 [1]

徐小茜 [2]　王金超 [3]

红色话剧蕴含丰富的育人资源，在高校教育中常被赋予思想政治教育的内涵，嘉兴学院作为嘉兴南湖红船旁的大学，将地方性红色资源转变成思政教育的鲜活教材，我校原创红色话剧《初心》就是一次有益尝试。通过"红色剧演＋思政教育"探索育人路径，构建思政教育新模式，将话剧艺术特性与教育规律结合，使其在学校思政教育层面更具感召力、感染力、渗透力以及影响力，以提升思想政治实践教学育人的效果，树立学生正确的三观，更好地培养高素质时代新人。

高校思想政治教育是培育和弘扬社会主义核心价值观的重要载体，同时也是新时代高校人才培养的重要关口，高校思想政治课作为大学生思想政治教育的主渠道，事关"立德树人"的贯彻落实以及"培养什么样的人，怎样培养人"的重大问题，对大学生的学习、生活和思想具有非常关键的引领作用。如何摒弃思想政治工作"模式化、固定化、单调化"，如何在广大师生中推陈出新，打造创新性教育策略，不断激发教

---

[1] 原文发表在《当代教育实践与教学研究》2021年1月刊。
[2] 女，文法学院学工办干事、讲师。从事学生思想政治教育研究。
[3] 女，文法学院初心工作室党支部书记。话剧《初心》总导演。

师和学生的"主观能动性",有效地提升思政工作实效和活力,是目前各高校不断探索的方向。红色话剧作为革命文化的传承,潜藏了巨大的育人价值,现如今更是被赋予了弘扬爱国主义精神、民族精神和时代精神等教育内涵,在这种背景下,嘉兴学院也在逐渐探索开展思想政治教育工作的新实践模式,寻找思政教育与红色话剧创作方面融合的方向。

一、高校开展红色话剧的意义

从某种角度来看,校园话剧算得上是中国话剧的启蒙,它作为一门综合艺术,以其开放的形式、丰富的内容和灵活的演绎,深受各时期青年学生的喜爱。而红色话剧作为校园话剧的一种形式,以其背后蕴藏的历史文化和品德教育影响着大学生的思想认知和行为方向。校园红色话剧一方面能够熏陶学生的艺术素养,提高学生的"美育",激发学生的潜能,培养学生的兴趣,另一方面通过"红色剧演+思政教育"的实践形式培养学生,旨在把师生共同创作和演出的红色话剧融入思想政治教育实践教学中,以此增强教学的吸引力、说服力、感染力,解决传统思政教育中学生主体地位欠缺、实践性不强、合作度不高等问题,从学生到老师,从课内到课外,多角度提升思政课实践教学育人的效果。

二、红色话剧实践育人模式构建

嘉兴市作为党的诞生地,有着丰富的红色资源,而嘉兴学院作为嘉兴南湖红船旁的大学,使得丰富的红色资源转换成了思政教育的活教材,红船精神更是成为思政教学改革的载体。在此背景之下,嘉兴学院通过"红色剧演+思政教育"构建了"以红船精神为核心,针对两大主体,开创思政小课堂与社会大课堂,把握三大环节,推动课内课外思政教育"的新模式,使得红色话剧与思政实践育人有效联动。以嘉兴学院原创红色话剧《初心》为例,通过师生共同创作和演出,再现当年嘉兴南湖边中国共产党第一次全国代表大会召开过程及建党光辉历程,使学生充分了解早期中国共产党人敢为人先、追求光明的奋斗故事和初心精神。在排演中,通过将青年的信仰教育融入高校校园的育人文化中,师生进行了互动教学。此外,学校还积极开发第二课堂,增加课程实践学分,并将排演话剧用于参与排演的节目和校内外各种公益类比赛项目,在学生中反响较好,社会影响力深远。无论是从课内到课外有效联合,还是第二课堂的设立,都在积极引导学生参与红色话剧的创作和演出,从思想政治教育角度出发,达到弘扬红色文化、传播中国精神的目的。

1. 红船精神引领,融进红色创作

习近平总书记强调,红色资源是我们党艰辛而辉煌奋斗历程的见证,是最宝贵的精神财富,一定要用心用情用力保护好、管理好、运用好。高校肩负着培养社会主义建设者和接班人、传承先进文化、服务社会主义现代化国家建设等重要职责,应该深入发掘红色资源的精神内涵,创新思政育人模式,夯实思政实践平台,积极地将红色资源融入日常教学,让青年学生了解红色历史,传承红色基因。作为红船精神发源地,嘉兴学院仍在逐步加强着高校对红船精神时代的理解,正将其作为顶层设计渗入思想政治教育实践育人模式的全过程中。嘉兴学院红船精神研究中心对红船精神及其时代价值等问题进行了深入的研究。马克思主义学院在思政课实践教学方面也做了大量的探索,以红船精神引领大学生成长成才,将红船精神深入到育人文化中。在追求红船精神引领高校实践的道路上,学校结合红船精神研究最新成果和文科专业优势,将红船精神融入思政实践教学中,融入青年的思想政治教育中,融入红色话剧的创作中,融入至高校校园的育人文化,使育人方向与其同向而行,形成合力,让红船精神指导实践,实践影响育人,从而进一步提升思想政治工作的质量。

2. 两大主体互动，体验沉浸式教学

在以往的认知中，教师是高校思想政治教育的主体，承担着思想政治教育的主要责任，而学生则被视为受教育的客体，只作为教育的被动接受者。然而随着时代的向前发展，思想的日益开化，大学生的主体意识不断增强，逐渐对教师的教育主体地位产生影响，学生也希望在校园教育中发出自己的声音。在嘉兴学院红色话剧《初心》的创作和演出过程中，教学方式和对象的翻转，使学生"反客为主"，成为思想政治教育的主体，教师则进行移位，不再占据主体地位，而是为学生的思想成长教育进行服务。在创作和演出中，教师和学生形成一种"互动式"的关系，师生"共创作、同排演"，体验教学"共情共鸣"，学生"乐于学"，教师"乐于辅"，师生在创作与实践中"相辅相成"，推动了思想政治教育的"转型"，充分发挥师生在思政教育过程中的互动作用。

3. 课内课外联动，推进教学与实践

嘉兴学院坚持强化实践教学环节，着力解决课内与课外、理论与实践的对接和有效转化问题。红色话剧作为一种典型性的实践性活动，可以帮助实现课内外环节的更好衔接，学校创设思政实践教学课堂，给予学分认定，学生在参与创作和演出的过程中，也能达到教学目的，实现课内课外双结合。在此基础上，我校坚持：第一，课内课外相互联动，相辅相成。思想政治理论课教学是理论化的，更是实践化与生活化的，我校将不断推进与完善实践教学的组织方式与活动内容，如以"红船精神"育人模式为中心，引入话剧进行思政课实践教学，旨在让学生由基于社会观察的知识运用转向基于生活体验的实践学习，获得真实的生活体验，让学生在实践学习中获得成长。第二，理论与实践相结合。教师在剧本创作和排演过程中对学生进行理论性的指导，让学生能够将理论运用于实践，一方面增强了教师与学生两大主体的互动关系，另一方面更是通过理论在实践中被证实，在实践中总结出理论规律的方式，形成

育人成果，不断提升思政教学的实用化程度，切实推进教学与实践的融合。

三、红色话剧在思想政治教育中的环节把控

1. 加强严谨性

红色话剧重在弘扬中国文化和铭记民族历史，必须严格遵循历史真相，因此决定了它的严谨性。在话剧创作阶段，参与《初心》创作的师生团队为遵循历史真实性，真正还原中国共产党的诞生过程，曾花费长达数月的时间，翻阅大量史实资料，打磨台词，演绎还原人物形象和性格。其中，值得一提的是，创作团队为了塑造出更加贴近历史实际的人物形象，特意为每一位角色设置出独立剧本。此外，在后期排演过程中，针对幕后服化、道具等，遵循史实，致力于复刻最真实的历史，在还原历史的基础上，增强剧目的舞台魅力和教育意义。

2. 体现创新性

我校红色话剧的创作始终把握住思想教育时代性与艺术性相结合，牢牢把握住红船精神引领的方向性，通过"红色剧演＋思政教育"的新颖方式，将兴趣与信仰融入青年的信仰教育，融入思政实践课，融入高校校园的育人文化。此外，马克思主义学院、文学院、法学院等的老师多次审核，把我校对红船精神的最新的研究成果融入其中，在思政课教学实践中探索，体现了学术研究与教学应用相结合，也体现了对教育载体的创新。

3. 增强育人性

嘉兴学院红色话剧的创作和演出始终以"育人为本"，坚持"实践育人、课程育人、文化育人"，旨在把师生共同创作和演出的红色话剧融入思想政治教育实践教学。首先，我校以原创话剧的形式将红色话剧这一文化艺术的实践活动进一步发展，使其走出学校，走向全国，成为

我校一独特的文化实践活动，得到多方报道，反响热烈。另外，我校探索了"课程育人"的培养方针，坚持教师主导与学生自主学习有效契合，坚持教师课堂教学与学生课外实践有效契合、有效联动。另外，我校注重将思想政治教育融于校园文化，重视"以文育人"。位于党的诞生地嘉兴，嘉兴学院是一所南湖红船边的大学，学校充分利用这一特有的红色环境，合理运用嘉兴当地特有的红色资源，在激发师生们参与的积极性，增强思政课吸引力、说服力、感染力，从而提高思政教学的有效性的同时，对红色话剧的创作和排演也有了更多的经验。学校注重营造良好的校园文化氛围，使学生在这种文化氛围中提升自我。《初心》作为我校红色话剧的滥觞，其深厚的红船精神文化内涵，在每一届学生群体的演出里都得以体现并广为传播，通过红色话剧这一创新的文化载体营造出了独特的文化氛围，也就很好地达到了"文化育人"的效果。

四、结束语

校园红色话剧不仅凝练着锻炼身心、陶冶情操等美育作用，也承载着很多思想政治教育的内涵，可以帮助学生有效树立文化自信、激发爱国情怀，高校要充分挖掘红色资源，利用红色话剧，以弘扬文化魅力传播中国精神为方向，找到思政教育的着力点，寓教于"剧"，实现红色话剧的内涵育人、过程育人、深度育人，使学生受启迪之外，让高校思想政治教育形式更具活力、表现力和生命力。

我们终将在没有黑暗的地方相遇

甘国梁[1]

多年以后,在岁月中沉沦半生的路人,看见草地上走过风风火火的少年,看见剧院旁张贴新印刷的海报,看见饭桌上半满的酒,他会想起,想起在模拟法庭的那个夏季。

不只夏季。

我本不愿意去追溯,因为我无法承受追溯的结果:一个褪色的现在,去直面一百多颗炽热的心和一个炽热的自己。我无法描述那是怎样一个青春。我们大部分时间都在害怕,害怕失败,害怕责难,害怕拒绝,但唯有这一刻,当我紧握摇曳百年风雨的笔杆,翻阅冲破时代洪流的书简,转头是和我一样到处落坑却在眼眸中放歌的你们,我明白,后悔才是我们最该害怕的东西。

"300多个日夜,1万多字的文本",这句话钟杭行曾读过无数次,也在我耳边响过无数次。每次听来,不觉心酸,只觉得可爱。这段时光很可爱,这段时光里面的人们也很可爱。

诚然,这段时光是令人难忘的,至少对我来说是这样。事物之所以令人难忘,总是因为她的某些特质(请允许我用"她"来指代可爱的初心)。我曾认真思索,为什么她是难忘的?是因为她是我们挥洒青春、奋力拼搏的杰作?是因为她是我们大学时代引以为豪、浓墨重彩的一笔?还是因为她是我们用沮丧、疲惫、憔悴、无谓的挣扎和颓废换来的一丝抚慰,

---

[1] 男,数理与信息工程学院网络工程151班学生。曾任《初心》剧组副导演。

像流星的光辉，照耀我们战痕累累的梦寐？

是吗？是如此吗？是，是的。

因为她让我们收获。收获智慧，收获机遇，收获人与人之间的诸多情愫，收获人类文明赖以持续的骨气，收获百年时光所给予的无限启迪。同时，也是因为她让我们失去，失去懵懂，失去卑怯，失去青春赫赫有名的浪费，失去毫无顾忌任性的机会，失去某些诡诡作祟之类。我不敢说收获就是好的，我不敢说失去就是不好的。正如我不敢说初心给予我们的就一定是我们想要的，但是我仍然觉得她是宝贵的，因为我对她的热爱从没有衰减过分毫。

我愈发发现，当我们去衡量得失的时候，永远都不会得到想要的答案，因为人的索取无穷无尽。而要求回报，就是亵渎自己献出的东西，就是出卖。我们的事业拥有巨大的社会效益和杰出的文化贡献，对我们精神生活的升华具有至关重要的影响。即便如此，我依旧觉得，对我而言，她成为我人生宝贵财富的真正原因，不是因为她的社会历史意义，也不是我从中的种种收获，而是她赋予了我两个字——勇气，为生命的璀璨而付出一切的勇气。

从最初到如今，从创作的9人小队到成百上千的"我们"，从简陋的书桌到精致的布景，从初心内到初心外，大家都在奔向最终的目的地，我也是如此。带着不顾一切的勇气，百折不回地奔向未来。虽然我们知道我们平凡普通、默默无闻，虽然我们在努力生活，去爱，去忍受苦难，但很少人会对我们有兴趣，书中也不会写到我们。我们是无产阶级大众、数不清的人，但我们曾是我们自己的光明，我们带着与平凡抗争的勇气，我们带着让生命闪光的勇气。

那时候的我们真让人羡慕。回想起和你们一起的岁月，我很开心，我与你们所有人都相爱过。

想写下点什么，已经想了很久，可是我说不出许多来。如果我爱你们再少些，我应该可以说得再多些。

只愿我们继续带着这份勇气，走过所有的伤痛与沉沦，我们终将在没有黑暗的地方相遇。

历史重现，回顾热血经历

王丹璐[1]

仔细算了算，毕业也就1年多的时间，却好像已经离开许久了。中断繁杂和忙碌的思绪，心里还是能感受到那一团火。大学四年，我是很幸运的。大二的时候，我报名加入了《初心》剧本创作团队，与《初心》的缘分就此结下。

在汪老师的带领下，团队开展了查阅相关资料、实地探访中共一大旧址、收集编写中共一大代表人物小传等一系列准备工作。在风雨无阻的3个月中，我们创作完成了第一版《初心》。其讲述了来自五湖四海、平均年龄仅28岁的热血青年们，突破国际各股复杂势力的监控和追捕，从上海转移到嘉兴南湖的红船上，成功召开了中共一大并建立了中国共产党。对这段历史我们从略知一二到如数家珍，在创作剧本的过程中无数次为13位会议参加者的勇敢坚毅感到热血沸腾。

接着，我又有幸加入了《初心》剧组，与许多志同道合的朋友一起打磨剧本、推敲剧情，一点一滴地把历史搬上舞台。我还记得第一次公演在即，剧组人员都站在舞台的两侧做着最后的准备，有拿着对讲机反

---

[1] 女，文法学院汉语国际教育162班学生。曾任《初心》剧组副导演。

复确认现场情况、满场跑的导演组,有站在演员身边随时整理妆发的服化组,有还在反复核对道具、对着组员们反复叮嘱的道具组,有临上台在大幕后走来走去默念台词的演员,还有远在天边但肯定也十分紧张的音乐组和灯光组。

钟声响起,大幕拉开,一位位演员挺直了腰板,以饱满的状态走上舞台,一切就像平时排练那样有条不紊,大家相互配合着,直到熟悉的国际歌响彻剧场,所有人的心才落了地。聚光灯照耀着舞台上的青年,历史仿佛就在眼前重现,不由得让人热泪盈眶。

阔别稍久,眷与时长。参与话剧《初心》的时光是我最开心、最骄傲的日子,作为资历最老的一批"初心"人,在往后的生活中,我也会将"初心"的精神延续下去,聚是一团火,散是满天星。

在中国共产党成立 100 周年之际,衷心希望话剧《初心》能越来越好,让更多的学子和广大群众一同见证这段伟大的历史。

讲述《初心》,践行初心

周子豪[1]

时隔多年,有些东西早已物是人非,受《初心》剧组邀请,让我写一写对话剧《初心》的感想。平时被琐碎工作占满时间的我,记忆一下子回到了 2017 年,那是我人生中至关重要的一年,也是改变了我人生方向的一年。

---

[1] 男,文法学院汉语国际教育 151 班。曾任《初心》剧组副导演。

当时，我总觉得经历了这一段旅程后会写些什么来纪念这段时光，抑或经常与好友提起，怀念那一同度过的日子。最后我发现，这段时光和经历，不在于你写了多少回忆录去描述，也不在于你耗费多少口舌来重现当时的景象，不知不觉中，它已经深深刻入了你的骨髓，融入了你的血液，在不言不语中又无时无刻不散发着光芒。

2017年12月9日，这是我无论如何都不会忘记的日子，这是《初心》剧组上百位师生经过不懈努力绽放成果的日子。每当提起这个日子，我都无比感动，每一个参与其中的人，无论是演员还是后台人员，都完全沉浸其中，感受最终的胜利，如同迎接拂晓一般。在他们的脸庞上，我看到了无比的骄傲和自豪。

在话剧首演结束时，我与所有的演职人员共同站在台前，感受所有观众的热烈掌声，感受战友们涌上眼眶的炙热喜悦，感受这一年来的日日夜夜。站在聚光灯下的我，想起了每一次排练的苦和累，想起了大家一起解决问题，一起为一个场景、为一个道具抓耳挠腮的场面，想起了每次排练结束的小聚，想起了大家的喜和悲。这都成了我最宝贵的精神财富，时而翻看，时而有新的收获和感动。

不管是曾经还是现在，我一直认为，话剧《初心》不仅教会了我们如何演戏，抑或如何摆道具、如何化装、如何处理各种疑难问题，它还带给我们精神层面的力量。它教会我们如何协作，如何克服困难，如何像个大家庭一样向着一个目标前进。

话剧《初心》有它本身的力量，通过了解最早一批共产党人的远大抱负和崇高理想，学习他们开天辟地、敢为人先的精神，我们认识到革命理想的实现虽要经历艰难险阻，但也应不忘初心，坚持到底，不能仅局限在小我的利益得失中。在以后的生活中，无论自己是一颗螺丝，还是一块砖，都要做一个对社会、对党和国家有用的人。

我们讲述《初心》，也在践行初心，我们要时刻牢记新一代青年人的使命，不忘初心、砥砺前行，永远为国家和人民贡献自己的力量。《初心》是一场话剧，也是一场党史学习教育，更是对我们的一次精神洗礼。在这里，你不仅能够得到全方位的成长，更重要的是，你将会拥有取之不尽、用之不竭的力量。

当时有太多太多的震撼、太多太多的感动，我无法一一描述，这些都融入我内心深处，支撑着我一步步走到现在。

我要感谢《初心》，感谢洪书记和王金超学姐，感谢每一位与我并肩作战的战友和兄弟姐妹，正是有了他们，我的大学才有如此浓墨重彩的一笔；正是有了他们，我才有了源源不断的精神力量。这股力量将伴随我一生，与我共同成长，成为我有勇气面对人生中各类艰难困苦的动力来源，让我每向前一步都有十足的底气和勇气。

这是我最宝贵的记忆，无论什么东西我都不愿与之交换。

入《初心》不后悔，忆《初心》永难忘

厉国强[1]

下笔似有千言万语，不知从何处言说。

打开电脑中记录话剧《初心》的文件夹——2017年3月17日——这是我加入《初心》剧本创作团队的时间。文件不大，仅1MB多一点，换算成汉字，也就50万字多一点。而实际上，从我们创作团队成稿到交付话剧社，剧本还要再经由王丹璐和甘国梁等同学根据话剧现场排练

---

[1] 男，文法学院汉语国际教育151班。话剧《初心》创作组成员。

而不断修改，所以存储在我电脑上的剧本文件距离最终成品还有很长一段路。

从2017年3月到6月，100多个日夜，《初心》剧本成稿。这100多个日夜，我们先是完成了中共一大13位会议参加者的人物小传，接着进入序幕、第一幕、第二幕、第三幕以及尾声的创作。为了能在尊重史实的基础上进行艺术创作，我们从书里走向书外，从嘉兴学院走到了中共一大上海会址，走到了红船革命纪念馆，走到了红船边，力求和当年的志士仁人们"共呼吸，同命运"。从书外回到屋内，每一幕，由汪老师把控大方向，我们7个人各自为战，每个人都各自发挥着各自的专长，然后相互传阅、相互指正，共同选出一篇较为优秀的版本，在这个版本之上再进行修改。在修改中，我们面对不同人物的台词，总要相互演绎几遍，在符合人物性格特征之上，做到不平面化、不扁平化、不书面化，真正做到在纸面上就先把人物写"活"起来。

剧本是6月成稿的，话剧《初心》的半公开试演在2017年11月12日18时30分。当看到每一个人物都"活"过来时，我们的内心是激动的；当我们的名字出现在最后的鸣谢中时，整个人仿佛得到了升华。

《初心》剧本虽然完成了，话剧演出也告一段落，然而，这一段珍贵的记忆丝毫没有伴随着岁月的流逝而变得苍白蒙尘。还记得当初《初心》宣传片当中，我作为被采访的嘉宾，说的话已经记不清了，但"不忘初心，方得始终"的意思依然在脑海中久久不能散去。

犹记得当时看完话剧《初心》，我在创作群里发了一句"入《初心》不后悔，忆《初心》永难忘"，其实难忘的不仅仅是那一段创作剧本的时光，更难忘的是百年前无数志士仁人"捐躯赴国难，视死忽如归"的大无畏与奉献精神。我们在《初心》剧本的创作中与历史对话，与"开天辟地、敢为人先的首创精神，坚定信念、百折不挠的奋斗精神，立党为公、忠诚为民的奉献精神"（红船精神）共呼吸，时刻牢记着，现如今的盛世是先辈们用血汗凝结而成的。

不忘初心，方得始终；不忘初心，砥砺前行！

最后谨以一首《初心》做结：

湖面的风带不走一丝炎热，是
画舫中年轻人的热忱，染红了
画舫的红，一如望着湖面烟波的女子手中的女红
绣出了明天。

炮火声，嘶哑着黎明，企盼着
黑夜离去
黑夜，乱石、激流、坎坷、悬崖，肆虐着恐怖
是发青的手掌，也是围追的苍白
黎明将至！
是黄土，是太阳，是双手，是无悔，如繁星
点点，燎出了东方的启明星！
站起来了，挺着腰杆。

新时代召唤着。
镰刀与锤头碰撞出黄色的闪辉，散落
城市、乡村、东南西北
旭日的朝霞，是五彩斑斓，仿佛一袭白衣后的光辉

昔日的红船，消弭在历史的烟尘中，留下背影
今日的画舫，破浪在未来的浩渺上，留下背影
昔日人不见，红船悄无言，
凌云壮天志，勿忘初心言！

我在《初心》剧组的修炼

李林红[1]

隆冬时节，气候严寒，2017年尤甚。粗粗算来，2017年是我和话剧相逢的第三个年头，每年下半年都是这样，上完白天的课后，到晚上就要紧急切换到话剧模式，18点到23点是专属于话剧的工作时间。和往年不同的是，2017年可以说是文法学院的话剧改革元年。我们开始摆脱直接排演他人现有剧本的模式，开始向自编、自导、自演进行艰难的探索。在学校相关领导的关怀下，学院决定以中国共产党成立为历史背景创作一部话剧，作为嘉兴学院对建党100周年的献礼。

要写一个话剧剧本，难！要写一个红色话剧剧本，更难！要将它搬上舞台，更是难上加难！以往的剧本大多是别人排练过的，我们可以去借鉴别人的成果，但对于一个自编的剧本，所有的一切只能靠我们自己琢磨。记得那时我们通常一边排一边改，昨天刚确定的方案极有可能今天就会被推翻。历经千辛万苦，在许多老师、社会人士的关心下，最终在2017年12月9日，话剧《初心》演出取得圆满的成功。

细节处见真章

关于话剧，谢宇是我的启蒙导师。她风趣地告诉我："道具组要比演员更熟悉台词。你们布置的景，你们选择的道具，你们的每一次上下道具都可能导致演出失败。"道具组要的不仅是体力更需要脑力。

---

[1] 男，文法学院汉语言文学152班。《初心》剧组总策划、道具指挥。

道具组的日常是这样的，演员们在说台词、打磨演技的时候，道具组要开始设计场景布置图。哪里应该放什么，放在什么位置，画出草图后还要给导演审核，依据其修改意见再次进行整理，在实际的排练中还要依据现场的情况增删实际使用的道具。一个场景布置图往往要在所有人共同探讨后才能最终敲定终稿。我们还经常上网查找资料，看看那个时代的桌子、凳子、茶杯、茶壶都是什么样式的。有的小道具网上根本买不到，我们只能自己动手做。

王金超曾经告诉我："除了台词能够突出人物性格、展示人物形象外，一些小道具往往能够起到令人拍手称快的效果。"经历了话剧《风声》的锤炼，如何用小道具突出人物性格我早已驾轻就熟。记得当时有这么一幕：反动势力为了阻挠中国共产党开会，其老大命令手下去探听消息。当时总觉得这个老大不管是坐在那里还是站在那里都很尴尬，不够突出人物特点。如果说让他一边喝茶一边讲倒是有几分威势，可要单独为一个反面人物做一个布景、购买一套茶具，对于经费有限的剧组而言显然不合适。如何用一个巧妙的设计既突出人物形象又减少成本支出呢？道具组的高振宇提出，可以让老大戴上一个扳指，一边转扳指一边漫不经心地吩咐小弟。试了下效果，嘿，真对得起买扳指花的15元钱。

有点"门道"的道具组

不会骑小电驴，大概是我除了普通话以外被大家嘲笑的最多的地方，驾驶小电驴风里来雨里去运送道具的重任只能交给张鹏飞。当时的演出道具并不像现在的这么轻便，大多是我们四处搜罗来的桌椅板凳，搬运尚且是一件非常困难的事情，更何况还必须在短时间内按照提前画的场景布置图一一准确摆放到位。这的确愁坏了我们，到底如何才能让笨重的道具动起来、轻起来，思前想后我们还是没有答案。

洪书记为我们提供了一个思路，是否可以在桌子下面装上滑轮，这样不就方便运输了吗？但直接在桌子下面装滑轮又会损坏桌子，最后我们决定去买建筑工地用的红木板，按照桌子大小裁好，在木板下面装上滑轮，桌子则放在木板上运送。这样原本需要几个男生通力合作才能搬运的道具，一个女孩子也能轻松地操控。

去建材市场采购的路上，我转脸问鹏飞，你说这排练又没有钱，每天这么累，有时还得挨骂，你怎么还不走。他说，不是所有东西都是金钱可以衡量的，和大家一起为了一件事而努力，我很快乐。我也无法忘记演出当天，我们推着自己制作的道具运送车，迅速将道具摆放到位时观众的惊叹声，轮子与地板摩擦产生的咯吱声，都是现场最为美妙的音乐。我贪婪地享受着舞台上的一切，那上面凝结着所有话剧工作人员的心血。

剧组的饭真香

马丫（全名"东北马丫饭店"）距离嘉兴学院梁林校区的直线距离不到200米，马丫见证了我和剧组朋友们日渐上升的体重，还有我们坚不可摧的友谊。毕业后大家不可避免地各奔东西，但倘若回到嘉兴，马丫还是我们不能不去的地方。吃的是再普通不过的家常菜，叙的是一段难忘的时光。

如果说动脑筋是道具组软件的话，那力量和速度就是我们的硬件。高强度的排练意味着高消耗，和其他组不同，道具组是要动起来的，可想而知那点可怜的晚饭在巨大的消耗过程中早就见底了，这漫漫长夜只靠意志应该是挺不过去的。于是，夜宵成了我们排练之后必然安排的活动。夜宵也不是单纯地补充能量，排练了一天，大家对很多现场的情况都有自己的想法，相对于开会来说，边吃夜宵边讨论更随意一些，大家也更愿意表达对话剧演出的意见和建议。而且道具组大多是年纪轻轻的小伙子，肝火旺盛，平常的工作当中难免有些磕磕绊绊，此时，夜宵又成为解决琐碎问题的法宝。一盘拍黄瓜，一杯啤酒，气氛一上来，大家畅所欲言，解决了大部分难题。道具组几十人，大家都能亲如兄弟一般。慢慢地，吃夜宵的习惯从我们组传到其他组，大家吃的都是些蔬菜，喝酒也不过一瓶啤酒，时间也不过半个小时，权当放松。

请叫我们搜刮道具组

在道具组眼里，万物都是道具。它可以是一张球桌，铺上布摆上其他东西就是一张会议桌。学校老师的办公室、会议室、休息室，还有嘉兴月河历史街区、嘉兴二手家具交易市场，被我们频繁光顾。舞台上摆着的道具有从教师休息室外面借来的乒乓球桌，有欧阳院长的衣帽架，有步书记的家居椅，有校友送的装饰船，还有一套颇为贵重的茶具，就连党群服务中心的花瓶都没有逃脱我和周子豪的"魔掌"。就是靠着这些四处搜刮来的东西，我们慢慢地拼凑出一幕又一幕的场景布置。现在回想起来，真的是满满的感激。没有老师们支持，我们就不能漂亮地完成这些道具的收集和布置任务。

话剧首演舞台上的道具有从洪书记楼下借来的球桌，有步院长办公室的桌椅、摆件，有院办的绿植、学工办的茶壶。由于自己的原因，我曾短暂地告别剧组，阔别半年后再见时，舞台已经不是我熟悉的舞台，道具也更加精致合用，失落之余，更多的是为剧组的发展感到由衷的自豪，毕竟我也是主创之一呀！

你这个学长真不好相处

除了演员的演技外，现场舞美是为数不多真正能够帮助观众理解角色的手段之一，因此道具组是能直接影响演出成败的。作为道具组的主要负责人，我感受到了巨大的压力，道具组绝对不能出错，这是我的底线。

道具布置，外行觉得简单，实则不然，这里面可以说大有文章。一是时间紧，道具上场和撤离的时间都仅有15秒；二是任务重，桌椅类道具沉重，可为了舞台效果，搬运时必须尽可能避免噪声；三是人员短缺，一方面参与话剧的人员少、组别多，分配后各组人员都很紧缺，另一方面，我们缺少专业人员，学弟学妹们都是因为兴趣聚集在一起，就连我自己也没有从事过道具组相关工作。

为此，演员排练时我们要做好配合，别人休息时我们还得加练磨合，久而久之，组员们怨声载道。但是那时的我固执地认为，严格既是对话剧负责又是对组员负责。在不断的冲突中，矛盾终究爆发了，我和组员们的关系十分紧张。这时，计丹峰老师点醒了我，他说："不能一味地强行用自己的标准去要求别人，对待工作人员要有耐心，说话要贴心，激发大家干工作的决心。同时遇到事情不要急，要做到运筹帷幄，泰山崩于前而面不改色。"我豁然开朗，慢慢地调整和大家的相处模式，除了工作，更多地关心他们的生活。"夜宵风"就是在那时发展起来的，我原本还担心，这么折腾会影响到大家的作息，后来发现毕竟是年轻人，只要拧成一股绳，再大的困难都能够克服。

为同学们打造一场精彩的话剧演出是文法话剧人的初心，这个信念一直支撑我们走过了许多艰难困苦。正是在这种不掺杂任何利益因素，不计较任何个人得失的精神指引下，我们连续十几年为嘉院师生打造出多部精彩的话剧。

舞台上，演员们用精湛的演技诠释了我党立党之初的艰辛。在那个激荡的年代，他们勇敢地挑起了中国复兴的大梁。从中共一大代表身上，我们看到了什么是真正的少年英雄，什么是真正的中流砥柱，什么是中国人原有的面貌。红船上的共产党员们关于共产主义的认识，关于中国人民命运的探索也让我备受鼓舞。是的，青年人难道不应该这样吗？沉浸式话剧的教育方式更加生动立体地展示了党的光辉历程。

排演的过程不仅仅是一项工作，对我们而言也是一场思想洗礼，在这种熏陶下，剧组成员纷纷写下入党申请书，希望成为这个光荣而伟大的党的一分子。

从2017年至2022年，我和《初心》已相遇5年，在剧组中学到的创新、坚持、努力一直影响着后来的我。以前的台词总会在我精疲力竭的时候给我注入动力，如孔另境说："前途很远，也很难，然而不要怕，不怕的人面前才有路。"这句台词一直激励着我勇敢地去面对生活中的许多困难；刘仁静说："中国是一棵参天大树，需要革命的血、壮烈的血，也包括我刘仁静的鲜血……"每每听到这句话，我都会斗志昂扬。是的，如今我们应该勇敢地肩负起中华民族伟大复兴的任务，应该投身到社会主义建设的洪流当中，应该将个人的命运和国家的命运绑在一起，和时代同行。

对我而言，《初心》不仅是一部话剧，它还打开了我的思想视域。我会去思考：我为什么存在？怎样才能做一个对社会有用的人？在短暂的青春当中怎样才能不因为虚度年华而悔恨？我的答案是——奉献。在工作岗位上，我始终如一，严谨求实，勤奋刻苦；在业余生活中，我从大学一年级至今仍然坚持每年暑假都参加嘉兴学院"益满湘西"团队的暑期夏令营，到湘西陪伴留守儿童。去年，我长期资助的孩子考上了不错的学校，令人欣喜。大概这就是我的初心吧。

红船荡起涟漪

贾梦佳[1]

2021年是中国共产党建党100周年，同时也是毛主席诞辰128周年。在毛泽东同志28岁时，他和一群年轻人，一群有着家国情怀、远大抱负，有着救国救民于水深火热之中的迫切心思的人一起，做了一件开天辟地的大事。

一座小城，一条红船，一张圆桌。一群年轻人为了信仰走在一起，诞生了一个希望。

大家都知道，在最后宣布中国共产党成立时，一共是10位代表，除此之外，还有现场勘察的王会悟，她也是中国共产党早期领导人之一李达的妻子。

王会悟，1898年出生于嘉兴桐乡，她的父亲王彦臣是晚清秀才，思想开明。这使王会悟能够在私塾中与男孩子一起念书，与维新人士一同交流探讨。这为王会悟打下了一个基础，同时也埋下了一颗种子。之后她离乡前往嘉兴女子师范学校求学，将自己所学倾囊传递，还结合时事介绍新思想。作为思想先进的进步女青年，她在五四运动时积极声援，因此被家乡与学校的封建势力所不容，被迫离家去往上海，在上海女界联合会工作。王会悟与李达相识于陈独秀寓所，初相见时，李达感叹这个女生的谈吐修养，更惊讶她对新文化、新思想的认识。后来，他们接触得越来越多，产生了情愫，结为了夫妻。他们是恋人，是知己，更是

---

[1] 女，文法学院汉语国际教育202班。王会悟扮演者。

并肩作战的战友。

我很自豪自己可以成为王会悟同志的扮演者。我去过南湖，上过南湖的船。那天，我穿着旗袍坐在船头，船只悠悠漂在水上，水花荡了一层又一层。迎面而来的风夹杂着细密的雨拂过脸庞。我倚在木栏杆上，木头上的红漆有点褪色，我想，一大会议那天也是这样下着雨，王会悟就是撑着一把油纸伞，坐在船头望风。"纸上得来终觉浅"，此情此景，我才真正体会到王会悟的心情，身后小小的船舱里竟然发生了那样了不得的大事件。

王会悟是中共一大的"温柔卫士"，是一个既勇敢又有魄力的人。这样一位20岁出头的进步女青年，即使放在现在也是大学生的学习对象。

穿上民国特有的旗袍和中山装，穿越百年的时间，我们这群青年人和"新青年"展开了关于"初心"的交谈。你是否也能看见，南湖上荡着一只丝网船，它荡到了新中国，荡到了百年后的今天。

我与《初心》

孙雨心 [1]

一部话剧，就是一场生动的党史宣讲。

2020年秋天，刚念大一的我初次领略到这部话剧的魅力，那时候的我还没有办法很好地理解一部话剧的意义，也没有想到会发生后续的

---

[1] 女，南湖学院－商贸管理学院工商管理N206班。王会悟扮演者。

故事。

我站在宽阔平坦的舞台上,唯一的聚光灯打在我身上,有些炽热,有些晃眼。前方就是剧场中一个又一个的座位,我身着绿色格子旗袍,饰演王会悟。在刚加入剧组的时候,我有过一段时间的迷茫和焦虑,面对一个如此光辉的历史角色,我该如何扮演?我该如何生动地刻画出她的一言一行才不至于辱没她的光辉?

我想更多地了解她,就去了乌镇的王会悟纪念馆,小小的纪念馆写满了她的生平。少女时代的她聪敏又勇敢,敢与旧社会做斗争;青年时代的她与心上人在一起,组建了一个美好的家庭,也在相濡以沫中为新中国的成立添砖加瓦。可是我觉得仅仅凭借生平去描绘一个女子的美好形象还是过于单薄。恰巧此时学校有幸邀请到了王会悟的孙女李典老师来举办一次座谈会。在李典老师的话语中,王会悟的形象逐渐清晰明朗。我了解到,王会悟在光辉的形象之下,依然是一个平常百姓家的女子,戴着塑料款眼镜,娴静地站在她该站的位置。

刚开始的时候,我怕自己会出错,总是一遍又一遍地用生硬的态度笨拙地记台词,直到演了许多场之后,我才慢慢逐字逐句地体会其中的含义。

"如果一天,需要我为了信仰去冒险,那么我一定勇往直前",这是少女时代的王会悟,自由追逐心中信仰的美好模样;"我主要负责落实会场和安排代表住所,接待各位来沪的代表",这是青年时代的王会悟,辅佐丈夫李达召开一大,她认真仔细,为会议的召开做好后勤保障工作;"不怕死的人面前才有路",这是一句很有分量也很震撼的台词,没有一定的胆量和见识的人绝说不出这样的话,我相信那个时候的她内心足够坚毅强大;"有些事,总得有人做",这句台词是在南湖上召开最后一天会议时,王会悟在船头把风时与船夫的对话,她深知身上的重任,她牢牢地担起了这份责任,只为初心。

如果说王会悟给我带来些什么,那就是心中有信仰的时候,哪怕为此付出许多让我疲惫不堪,我仍能感受到满满当当的愉悦感和幸福感,我将永远保持属于我自己的信仰初心。

关于《初心》舞台的记忆

杨 森[1]

我已经不太记得自己最后一次作为"李达先生"在台上向大家讲述那段历史的日子是什么时候了,但我却清楚记得第一次站在话剧舞台上的感受。

2017年12月9日,是我们第一次上台表演的日子。站在大幕后,我的双腿止不住地颤抖。也不知怎的,我不受控制地一直在打嗝,我只能不停地在心里默念台词,努力让自己冷静下来。

马上就要上台了。一定要以最好的状态完成我们的首场演出。我们已经经历了300多天的准备,从夏末到冬初,从稚嫩到成熟。一号楼的那个楼梯拐角见证了我们每天晚上风雨无阻的排练。从每天19点开始,练习到21点、22点。刚开始靠墙练站姿,瓷砖上面的白灰被我们蹭得干干净净,甚至还能照出人影;紧接着的台步练习,快把我搞得不会走路了。刚拿到剧本时,磕磕绊绊地念台词,一点一点去琢磨,哪个地方该抑,哪个地方该扬,拿着荧光笔在台本上仔细标注勾画,王金超和甘国梁两位导演气得都快笑出来,还好最后能够声情并茂地将角色展示。

---

[1] 男,文法学院法学162班。李达扮演者。

洪坚书记和虞岚副书记为我们请来了专业的话剧指导老师，帮我们修正表演。准备了那么多，不就是为了等待这一天吗？想到这，宣传片已经播放完了。小剧场的钟声也响起了。

"咚咚咚"，话剧开始了。

"你好，姑娘也是来找陈独秀先生的？"当我说出这句话的时候，我已经完全感受不到紧张了。仿佛真正的李达先生站在了台上，与我肩并肩地向大家叙述着那段历史。

为了更充分地了解角色，我尽可能查找到李达先生生前所有的资料，当知道他是中国新法学的奠基人和创始人之一时，我肃然起敬。作为一名法学生，我要演好李达，更要学好专业。现在的我已经毕业将近两年了，回首与初心同行的那段时光，仿佛是一场梦，真实却又虚幻。话剧《初心》获得了太多太多的荣誉，但是对我而言，和我们剧组成员一起并肩，从无到有、从有到优的那段日子才是真正让我铭记的。

我与《初心》

金哲凯[1]

第一次听到话剧《初心》还是在大二刚开学的时候，一位好友来问我对话剧有没有兴趣，说感觉我有些适合其中的一个角色，如果我有兴趣可以去试一试。也就在那次，我第一次听说了《初心》这个话剧，同时也开启了这段对我来说意义非凡的旅程。

---

[1] 男，商学院工商管理191班。李达扮演者。

"这是你的剧本，记得写上名字。"

"好的。"我接过了学长手里的剧本，粗略翻了翻。剧本很长，有30多页，我发现我所饰演的角色李达台词不少，好在我对自己的记忆能力有信心。呼了口气，目光回到了剧本的开头。"序幕，大时代……"这时，手中的剧本像有了魔力，吸引了我全部的注意，让我逐渐沉浸在那段开天辟地的历史当中。看完了剧本，心中不由得升起现场观看话剧《初心》的殷切期待，在2020年开学典礼那天，我早早来到了剧场，作为李达的B角，我只能站在台侧看着台上学长的演出。随着钟声响起，我的目光便再也离不开舞台了。

时至今日，我依然忘不了自己当时那种震撼与感动，尤其话剧的最后一段，当毛泽东宣布中国共产党诞生的时候，一种激动人心的感觉在我心底迅速蔓延，全剧也到了最高潮，众代表手握酒杯，向所有推动中国共产主义事业发展的人们致敬。紧接着，所有代表干了杯中的酒，身后大屏上"开天辟地"四个字陡然映出，烨烨生辉，这一幕给我带来的震撼在心中久久激荡。

这是一群怎样可敬的人啊！在那样一个黑暗的年代，没有人知道中国的未来究竟会怎样，没有人知道他们所走的路到底能不能通向成功，但依然有着这样一群人，他们愿意为这渺茫的希望和未知的结局抛头颅、洒热血，燃烧自己的一切，将自己的一生都奉献给这伟大的事业！前辈们用生命与热血，带领中国人民走出黑暗，开创了一个全新的中国。而到了我们这一代又当如何？答曰："吾辈当自强，不求持书仗剑耀中华，但求不忘初心，不负盛世韶华。"

始于《初心》，终于情怀

钟杭行[1]

时间过得真快，转眼间，我已经毕业两年了，在这两年时间里，时常和初心团队的朋友们联系，但由于工作和距离的原因，很少有机会能够亲自到现场观看演出，有点遗憾。每次和团队里的朋友们谈起话剧《初心》，时光仿佛倒流回了我刚进团队时的模样，种种回忆划过脑海。

记得初心团队曾去杭州演出，我作为主持人，从对话剧《初心》的一无所知到演出结束后的回味无穷，我发现自己已与《初心》联结了一条看不见的红线。之后，在一次座谈会上，我受导演和老师的邀请，作为演员加入初心团队，正式成为团队一员。一开始，我因为外貌与李达相似，暂时作为李达这个角色的B角进行练习。某一天演出临近，因为种种原因缺少饰演董必武的演员，我临危受命，在一天时间内背完台词，连忙投入排练当中，好在最后演出圆满成功，没有给大家掉链子。自此，我就化身为"董老"与团队一起进行了一场又一场演出。

有一次经历让我印象非常深刻，那是一场在嘉兴职业技术学院的演出。我还没有积累足够的演出经验，所以常常担心自己在演出中失误，但这种担心也给我带来动力，使我能更加投入。那是演出前的最后一场排练，我整个身心都沉浸在角色当中，当排练到最后，大家一起唱《国际歌》时，建党的艰辛与不易激烈地冲击着我的脑海，我顿时泣不成声，排练结束后也久久不能释怀。这也许就是所谓的共情吧，很庆幸我能将

---

[1] 男，商学院会计学151班。董必武扮演者。

这种感情一次次地带到演出当中。

如今，新老演员不断交替，话剧舞台轮番打磨，话剧《初心》正走在越来越宽阔的道路上，希望有一天，还有机会能和那帮兄弟们演一场那冲击心灵的话剧。

我　们

王文祥[1]

世间的很多事物，追求时的兴致总比享用时浓烈得多。

还记得四年前，接过话剧《初心》台词本的那一刻，我还是一名刚入学的大一新生，对校园生活充满无限的遐想，更对舞台充满无限的渴望。了解剧本、熟读剧本、分重点语句、研究形体动作，这或许是我最接近剧中人物的一次机会。这种跨越历史的会晤，既让我兴奋，又让我彷徨。能够饰演中共一大代表是多么的骄傲，但这位历史伟人在那个动荡不安的年代里是怎样表现出英勇无畏，起初我根本无法体会……不只是我，参与话剧演出的我们都有着同样的困惑，但我们都相信，有一天我们能够自信而又昂扬地将这段光辉历程展现给更多人看，讲给更多人听。

一年多的时光里，小剧场后台墙壁四季都映出剧组人员活动的身影，夜晚学生活动中心二楼传来13位同学铿锵激昂练习台词的声音，模拟法庭里我们练习动作，练习走位。这一年多，我们哭过，笑过，迷茫过，挣扎过，但都坚持了下来。我们时不时把剧中的人物台词生活化，大家

---

[1] 男，文法学院汉语国际教育181班。陈潭秋扮演者。

在欢声笑语中迎来了成长。最关键的是，仿佛真理的味道一点一点飘了出来，我们与这些伟大人物的时空距离也越来越近，踏破重重黑夜的第一抹光亮正微微透出。

2019年，我们第一次上台。那一天演出结束大家都很开心，收获了许多的赞扬与肯定。我们明白，我们就如同星星之火，把这颗火种延续了下来，传给了更多的人。

放在抽屉里的台词本已经微微泛黄了，再把它拿出来时，不由得想到现在的台词本已更新到5.0版本，舞台剧目也在这几年不断更新。这四年里，我们大大小小演出100余场，成为嘉兴人人皆知的文化品牌，更是经常被大中小学邀请参加思政课堂第一讲。我们到过远隔千里的新疆，也去过临近的社区，把有信仰的故事讲给更多有信仰的人听……我们今年大四了，按照团队内部的话就是快"退役"了。回想起以前一起搬道具、一起吃盒饭、一起克服困难、一起对戏时的往事，虽然很累，但很快乐，觉得再辛苦都是值得的。话剧《初心》带给我的感觉，不同阶段是不同的，大一、大二是磨砺，大三、大四是成长，这段精彩的历程将伴随我一生，是我最美好的青春回忆。

《初心》久远，薪火相传

孙 彭[1]

说来惭愧，好像临近毕业才意识到话剧《初心》对我的重要意义。

---

[1] 男，设计学院工业设计161班。邓恩铭扮演者。

当时我的导师说："《初心》是你的什么？《初心》是你人生的高光时刻。"是啊，高光时刻。在舞台上，万众瞩目，灯光汇聚，人生能有几回？

最开始投入话剧演出，我就知道这是一件很有意义的事，我一口气看完最初的剧本，脑子里已经有了画面。作为新一代的青年人，在嘉兴的大学重现一大召开的故事，是一段让我觉得自豪的经历。

话剧《初心》给了我一个舞台，我喜欢表演，到了大学才有机会得到历练。从最开始上台紧张到后来变得自信，我享受扮演角色的过程。那个时候我感受到内心的使命感、责任感，也对这段历史充满了兴趣，我觉得很亲切。毕业后我记得有好几次梦见排练的画面，梦见同台的演员，我真的很想你们。

我曾独立指导中学生表演话剧《初心》，面对年龄小、心智不成熟、手脚不太放得开的小朋友们，我体会到话剧演出启程的艰难。和建党的历史很像，没人知道未来如何，但当下的我们正尽最大努力，把建党历史的一个片段告诉更多的人。当小朋友们终于站上舞台时，我想我已经把《初心》的火种传递了下去，这是伟大的事业，我很骄傲。

有一次，我作为观众看《初心》的改版，感觉表演变得更加丰满细腻，而且出现了很多新演员。薪火相传，总有更年轻的人继承前人的使命，将百年前早期共产党人开天辟地、敢为人先的革命精神发扬光大。我很荣幸自己见证了话剧《初心》的诞生、成长，希望《初心》拥有更广阔的舞台、更响亮的掌声、更深沉的感动。

在《初心》中感悟和成长

陆宏亮[1]

关于《初心》，我的第一点感悟是要勇于尝试。不知道大家第一次看话剧《初心》是什么感觉，我在2018年第一次观看《初心》。我在加入《初心》剧组前看过两次，每次都觉得特别震撼，感觉演员们在台上是发着光的。我一开始其实犹豫过到底要不要加入，因为我没有演戏经验，台词也说不好。最后我还是加入了，并且发现原来剧组"不过如此"。

进组之后，我看到了每个演员和每个幕后工作人员，包括负责音乐、宣传、道具等的同学，他们都是和大家一样的普通人，没有学过表演，也不是专业编剧，工作人员也没受过专门训练。最终整合在一起之所以能呈现出这样极富感染力的剧目，我想原因是每个人对工作的热爱和负责，对角色的投入和认真。中共一大我们都很熟悉，它是历史上的一个大事件，平时影视剧和书本上的介绍也许不会让我们的内心有太大波澜，但经过剧组的演绎和呈现，却让观众感受到震撼。我想，只要我们勇于尝试，投入热情，就一定能获得成功，让自己发光。

我的第二点感悟是不一定要做前人没做过的事，把别人做过的事做出自己的风格也会有成就感。我们知道，一些经典的角色会在人们内心留下深刻的印象，就像看到演员沙溢就会想到他饰演的角色白展堂。我饰演的角色是刘仁静，在我加入《初心》剧组前，已经有很多学长饰演

---

[1] 男，文法学院法学192班。刘仁静扮演者。

过这个角色，所以刚开始，他们经常会说以前的刘仁静是怎么样演的，这句台词是什么语气，那个动作要如何摆……后来，经过较长时间的排练，我终于演出了自己理解的剧中人物。当然，我的表演中肯定也有对之前演员们表演的传承，但大家渐渐地不会再拿我的表演去跟之前的演员们比较，而会说你这句台词说得很有味道，你这个动作很到位，大家渐渐认可了我的表演，让我觉得在一定程度上我的演绎是成功的，也有了一种成就感。

最后我想说的是收获。虽然排练和演出真的很辛苦，但也确实能从中获得很多东西，包括外出演出的经历、见识、能力，等等。总之，话剧《初心》的演出经历值得我在今后的时光中铭记和回味。

只如初见，不忘《初心》

朱凌喆[1]

我与话剧《初心》的第一次相遇是在学生活动中心的楼梯转角口，在那里认识了周子豪和甘国梁等学长学姐，开启了我的演员梦。

大一的时候，带着七分初入大学的热情和三分好奇，一直想加入一个可以实现自我价值的社团或组织，以丰富自己的大学生活。毕业后回首大学生活，有刻骨铭心的片段可以在脑海中回味，也不负四年韶华。于是，我加入了三四个不同的社团，但总与我初入大学的那股期待不同，直到遇见了话剧《初心》。室友黎进（饰演初代周佛海）告诉我，话剧

---

[1] 男，文法学院汉语言文学171班。陈公博扮演者。

社正在为一年一度的大话剧招募演员,那晚我和他一起去学生活动中心面试角色。

在学生活动中心的转角,我认识了周子豪,还有学姐竺雨露(饰演王会悟)和李瑶华(饰演李丽庄)。在和李瑶华对了几句台词后,我就算面试通过了。没想到从那刻起我便踏上了"初心"这条船,一待便是4年。那时,演员还没招齐,剧本还未完善,我也是第一次接触话剧,不敢想象自己能否把握住这个角色,更不敢想象自己登台的样子。恐怕那时谁也不能料到这支队伍能够受到央视的采访,还能去杭州、上海等地巡演。

面试成功后,事情进展并没有想象中那么顺利,表演不是能记住自己的台词就足够的,还要了解自己对手的台词,什么语气配什么样的姿态动作……最痛苦的事情莫过于你竭尽全力却依然达不到要求的绝望和无奈。在学生活动中心的二楼,日复一日地排练,距离首演的日子越来越近,但整体的排练还有很多漏洞和需要调整的地方,我和李瑶华的对手戏环节存在巨大的"黑洞",那个"黑洞"就是我。剧中,李丽庄是陈公博的新婚妻子,两个人的对手戏中存在着男女之间的情愫,体现在演员的举手投足之间和眼神对视之中,我不敢和李瑶华有眼神上的对视。剧中还有陈公博拥抱李丽庄的情节,那个时候的心情回想起来尴尬无比。尽管我鼓足了勇气去拥抱,但抱的姿势犹如触到高压电。我们排练了很多次,虽有进步但也没有实现质的改变。

话剧是严肃的作品,最后要拿得出手,是摆上台面的众人日日夜夜的心血。作为演员,出错了反复排练浪费的不仅是个人的时间和精力,还有在场的所有人的时间和精力。有一晚,甘国梁朝我发了火,我整个人都愣住了,委屈和无奈等情绪五味杂陈,涌上心头,在众人的注视下,我使劲憋着眼眶中的泪珠,但最终没憋住,"唰"的一下,眼泪决堤似的涌了出来。王金超她们把我带到一旁安慰,重补了我碎落一地的话剧演员的自信。那一刻，我感受到初心团队作为一个整体给我的归属感和"小家庭"般的温馨。排练的时候大家患难与共，自始至终都怀着把这场话剧在首演那天演好的信念，相互扶持着一路走了下来。

剧本完善了，演员成熟了，首演成功了，巡演成功了，红船剧社成立了，《初心》启航了。我们还是做到了啊。

我与《初心》

欧阳楷君[1]

去年入学的时候，我对大学中的一切充满期待，在新生典礼上，我第一次了解到话剧《初心》。我之前从来没有了解过话剧，但第一次看到《初心》，我就被它吸引。剧中，一大代表们的激烈讨论让我感到热血沸腾；程子卿和法国探长闯入会场时，我会紧张地握紧拳头；主席宣读纲领时，我感到无比的自豪。舞台上的一切无不牵动着我的心，当一大代表们一齐喊口号时，我下定决心，我也要加入话剧《初心》！

最开始的时候，我只是憧憬着，也想像学长和学姐一样，成为在舞台上闪耀的人，成为一个更加优秀的自己。怀着这种心情，我加入了《初心》。每天的排练很累也很枯燥，但正如剧中王会悟说的那句："再辛苦，都是值得的。"很快，我就迎来了自己的第一次演出。站在幕后，我感到十分紧张，学长们一直给我加油打气。当灯光打到脸上时，我的紧张也没有丝毫好转，我害怕我会毁掉演出，我害怕失误，让学长们失

[1] 男，信息科学与工程学院材料成型及控制工程202班。陈公博扮演者。

望，但最后我还是失误了。我很懊悔，最终还是因为我，这场演出出现了瑕疵。但是学长们仍然耐心地宽慰我，他们说凡事都有第一次，没有人能第一次就做到最好，只要在一次次失误中成长就能做得更好。

学长的话并没有完全打消我的自责，但在日后的一次次排练和演出中，我似乎渐渐与当初那些闪耀的学长更近了一步。在日常生活中，我也变得更加自信，在人前不再怯场……在《初心》剧组的经历让我学到了很多，我向那些我所敬仰的人的样子迈进了一步。

今日，我不再是新生，身上的担子更多了，我想的不再是我能在《初心》中得到什么，而是我能为它做什么。大四的学长为了各自的目标没有太多时间来照顾我们，《初心》也加入了新的血液，学长们和我说，现在你也是学长了，也要挑起担子，让他们早日融入我们的"大家庭"。这份责任虽然带了压力，但我相信我能做好，而且我必须做好，因为这是我想要的，为了我所热爱的《初心》。

难忘《初心》，难放《初心》

赵正杰[1]

前段时间在视频网站上刷到了国家大剧院的《追寻》合唱，初听觉得比孙楠的原版更轻柔，更有一种娓娓道来的感觉，到副歌部分被一句突然澎湃起来的"起来，饥寒交迫的奴隶"炸出了一身的鸡皮疙瘩。

这首《国际歌》我从大一唱到毕业，一开始在梁林一号楼的模拟法

[1] 男，材料与纺织工程学院非织造材料与工程171班。包惠僧扮演者。

庭和四楼走廊里唱，后来在梁林小剧场唱，再后来一路唱遍了浙江的各所高校和地区剧场。还记得2017年我们刚开始练合唱的时候，真可谓"魔音贯耳"，总有人抢拍、慢拍，甚至把合唱吼成了独唱，气得王金超一度想让我们假唱。我们只能等全体排练结束后再单独排几遍合唱，练习默契，而我每天回寝室后都会钻进被窝里戴上耳机数拍子，练习《国际歌》。2017年年底，网易云年度报告显示我听《国际歌》次数最多的时候，我虽是群众，竟油然而生了一股党员般的荣誉感。

2017年12月9日，《初心》首演。开幕前，我透过音响室的网格看着观众席，紧张万分。《国际歌》唱罢，谢幕时我见身旁的闫阳辉（饰演董必武）脸上挂着泪痕，可我心里只有首演成功的如释重负。

翌年，我们到浙江理工大学巡演，下沙校区的几所高校一起来看我们的话剧。最后一幕唱《国际歌》的时候，我听到在座的警校同学的后排传来了有节奏的节拍声——他们在帮我们打拍子，然后开始有人跟着节拍哼唱，再然后就变成了台上台下千人的大合唱。那一刻我忘记了节奏，忘记了音准，一直以来我苦苦追寻又求而不得的情感节奏突然迸发了出来，仿佛南湖的那条红船和那13位会议参加者连带着台前幕后的百来个日日夜夜刹那间统统被揉碎了，裹挟着涌进我的血管，随着音乐一起搏动，这一次，我唱得尽兴。谢幕时，我见身旁的钟杭行（饰演董必武）眼角闪着泪光，我也一样。

2020年年底，那是当年的最后一次演出，也是我们这些2017级"老人"的告别演出。我没有想象中那种"要画上一个完美的句号"的庄重，反而整场都洋溢着一种莫名其妙的轻松感。台词脱口而出，走位闲庭信步，肢体动作纯靠肌肉记忆，连唱《国际歌》都没有再在心里小心翼翼地数着拍子。直到回到后台，新华社记者小哥的摄像机快贴到我脸上了，他问我说："你们的谢幕演出结束了，现在你心里有什么感想？"百般心绪排山倒海地压了过来，让我一时不知从何说起。

从 2017 年到 2021 年，学长学姐们一批批地毕业离校，去工作岗位上发光发热，学弟学妹们一茬茬地报名入组承载着学长学姐们的期望走上舞台。我们有了自己的工作室！我们登上了新闻联播！我们给习总书记写了信！我们要在 2021 年继续巡演，以"百场迎百年"！不知不觉，我们这些 2017 级的"老人"或许真的成了《初心》这艘忒修斯之船上的最后一批零件了。可当初三十来号人窝在一号楼四楼走廊里讨论剧本的样子仿佛还在眼前，怎么就突然要我说告别感言啦？

最后，我脑海里回响着我们的谢幕致辞："我们相信，中国共产党人的初心和使命凝聚而成的红船精神将代代相传，永放光芒！"

所以，我的答记者问是"放不下"。

我与《初心》的故事

王世尧[1]

我与话剧《初心》的故事始于刚进入大学校园的时候。作为新生，第一次看到《初心》剧组的演出，感受是震撼的。在此之前，对于一个西北人来说，红船精神是陌生而又遥远的。在第一次观看演出后，我的心中就对《初心》有了很好的印象。不久，剧组开始招新活动，当时有学姐鼓励我去面试。但对于舞台有些恐惧的我并没有参加，此后我和《初心》便像两条平行线并无交集。大学的时光过得飞快，转眼到了大二下学期，在舍友的鼓励和推荐下，我终于加入了《初心》剧组。

---

[1] 男，文法学院汉语言文学 193 班。《初心》剧组策划组组长。

在不知不觉中，我想《初心》在每个人心中的分量也在慢慢增加，正因如此，这个团队才有如此的凝聚力。新学期剧组招新时恰逢暴雨，我和几个刚刚认识的剧组同学被困在伞棚里，大家只能缩在伞棚中央，我心中暗暗祈祷雨下小一点。可惜事与愿违，倾盆大雨丝毫没有停下来的意思，有些损坏的伞棚已被雨水压弯了腰，摇摇欲坠，我们不得不手忙脚乱地把伞棚上的积水弄掉。雨越下越大，我们不停地把积水向外引导，每个人浑身都湿透了。即便如此，大家仍在互相照顾，刚认识的学弟摘掉眼镜走出伞棚，想一个人把伞棚支起来的举动最让我难忘。不过出乎我意料的事情紧接着发生了。我们"孱弱"的伞棚下并没有因为暴雨而人数变少，反而人越来越多了。一些我甚至叫不出来名字的剧组同学冒着大雨帮我们摆脱困境，一个我完全不认识的同学冒着大雨给我送来了雨伞，她十分自然地把伞递给我，就像相识很久的朋友那般自然。从那一刻起，我感觉到自己完全融入了这个剧组，即使相互不熟悉，却有着紧密的关系。我想这也是属于《初心》的独特魔力吧。

从观众到参与其中，我感受到《初心》剧组是一个充满善意、互帮互助的团体。时光流转，我与《初心》的故事还在继续。

我在《初心》中成长

次仁卓嘎[1]

我与话剧《初心》相遇在2018年的一天。洪老师找我谈话时，问

---

[1] 女，藏族，文法学院汉语言文学172班。《初心》剧组道具组成员。

我想不想去看我们学校自编自导自演的红色话剧《初心》。这是我第一次在台下观看话剧,那时的场景直到现在仍历历在目。

之后《初心》再次演出,洪老师特意送给我一张门票。那天,我提前入场,话剧开场前,屏幕上播放的《初心》宣传片使我沉浸其中。第一幕开始时,我的内心非常激动,目光被演员们的一举一动吸引着,情绪也随着演员们的喜怒哀乐而变化。话剧结束后,雷鸣般的掌声在剧场里经久不息。之前,我只知道中国共产党是什么时候成立的,但并不知道是在南湖的一条红船上诞生了伟大的中国共产党。我当时心里想,一定要去瞻仰这条船。

欣赏完表演,我听闻剧组在招人,便申请加入《初心》剧组,负责道具剧务工作。之前只是觉得道具组就是把道具搬到舞台上就行,后来才知道不仅如此,还需把道具搬到指定的位置。因担心自己会出错而影响表演的进程,我会在空闲时间去剧场排练,排练多次后就越来越熟练了。每当表演完,听到观众们热烈的掌声,我想一切辛苦付出都是值得的。

一次偶然的机会,我跟洪老师聊天时,在他的启发下,我萌生了入党的想法,当晚回寝室后我就开始写入党申请书,这也是我大学四年里做得最棒的决定。话剧里讲述的那段历史让我深受感动,尤其是剧中的一段话:"前途很远,也很难,然而不要怕,不怕的人面前才有路。"当我听到这句话时,就明白前进的道路上即便会遇到千万种挫折,只要我不放弃,就不可能被挫折打败,我也坚信只有付出足够努力,才会取得成功!

我相信《初心》给我们带来的不仅仅是一个熟悉的地方、一段感人的故事,更多的是一次心灵的洗礼和思想上的成长。感动之余,《初心》也在我们心中树立起精神的榜样,让我们不忘初心,牢记使命,永远奋斗!非常感谢在《初心》剧组期间所有人对我的帮助及鼓励。

初心不改，使命长怀

张鹏飞[1]

2017年，我刚入大学，十分有幸和话剧《初心》结缘，从道具组到演员组，偶尔再客串一下音乐组，到2022年，一晃就是5年，《初心》贯穿了我的大学4年的生活，留下了弥足珍贵的难忘回忆。

明知前途万难，依然慷慨而行

大一刚开始，我作为一名道具组成员加入《初心》剧组。当时剧组面临着资金难、排练难、人员难等诸多困难。资金的匮乏是第一难。道具组的很多道具需要辗转校内外各种地方去找，我们秉持着怎么省钱怎么来的原则，很多道具都是非必要不购买，能借来的绝不买。我们的道具来自校内校外各个角落：有越秀一家咖啡店的书架，有老师办公室的椅子、杯子、笔架，有教学楼的盆栽，有食堂的道具书和屏风，有图书馆的旧书，等等。我们常常深夜还在货比三家，和商家砍价。有一次，某商家甚至直言，你们怎么这么抠，这点钱还要计较？让人哭笑不得。

排练过程中的道具使用问题属于第二难。当时的道具用什么和怎么用成了排练过程中面临的一大难题。从会议室借来的实木桌子非常重，但道具组的男生数量有限，搬起来十分费时费力，导致换幕时间太长，严重影响剧情的连续性。大家就想了一个让道具"飞"起来的办法。于是，在寒冬的冷风里，我开着三轮车载着李林红学长去学校后边的建材

---

[1] 男，文法学院汉语言文学173班。《初心》剧组道具组成员，孔另境扮演者。

市场淘来了许多旧木板，在网上买了万向轮和油漆，给木板加上轮子，刷上和桌子颜色相近的红油漆，大大提升了换道具的效率。

当一块"砖"，哪里需要哪里搬。缺人是当时面临的第三难。一方面，由于最初的道具非常重且不便移动，需要大量的人手；另一方面，由于时常要排练到近23点，回寝室后没办法洗上热水澡，还要牺牲大量的个人休闲时间，连续的高压工作使个别同学退出，人手问题更加突出，只能想方设法不断提高有限人员的利用率，很多同学时常身兼数职。

前途很远，也很难，然而不要怕，不怕的人面前才有路

临到首演的时候，因为演员组还缺几名群演，我和道具组的几名男同学就去客串反派小警察，虽然只有动作没有台词，但是超级开心。此后，我慢慢从道具组走向了演员组。从饰演反派小警察角色，到饰演孔另境、男子、尼克尔斯基三个角色，大家都戏称我是剧组里衣服最多的演员。那时因为衣服多，每次去外边演出我总提着一个大塑料袋，除了衣服，里边还有用垃圾袋装的鞋子，现在想起来确实很是好笑，不过也都是难以忘却的回忆。

虽然我演的都是一些台词不多的配角，但当有一天我面临困惑的时候，脑海里突然蹦出了"前途很远，也很难，然而不要怕，不怕的人面前才有路"这句剧中孔另境的台词，激励了我，让我重提勇气。当我听到西藏同学次仁卓嘎说，她看了演出，觉得我讲的这句台词让她有很深的感触，对她有很大的影响，以及当身边的同学们开始用剧中的台词互相激励、奋勇向前的时候，我第一次感受到了语言的力量，第一次发现原来配角也可以在某种程度上发光发热，我也第一次爱上了以往觉得"又红又专"的东西，第一次感受到《初心》这部话剧真的是有意义的，是可以给人带来奋进的力量的。

"初心"久久,始终如一

2017年12月9日,话剧《初心》首演,那天晚上给我的印象尤为深刻。演出成功结束后,大家在后台一起欢呼拥抱大哭。当时的我还是很蒙的,无法用言语来形容那种感觉,只觉得鼻头一酸,眼泪不禁流下来。回想起这几年,难忘的是寒风中的三轮车,难忘的是楼梯口的那一份盒饭,难忘的是和大家在一起排练、一起去祖国各地演出的场景。

《初心》贯穿了我的大学生活,"初心"的精神更影响着我之后的每一步成长。从刚开始首演的忐忑,到后来一次次演出越来越顺畅,收获的不仅有成长,还有各种感动。如果有机会,希望自己还能再爬上篮球网贴海报,开着三轮车拉道具,蹲在楼梯上吃盒饭……我亲眼见证着《初心》一步步越来越好,走向了天南海北。如今,每个"初心人"正在各行各业以不同的方式成为"初心"的弘扬者、践行者。

"初心"久久,始终如一。聚是一团火,散是满天星。归来,我们仍是嘉院人,仍是不怕困难的"初心人"。

岁月静好,初心永存

高正宇[1]

我曾经在《初心》剧组担任道具组负责人、导演助理,并饰演了黄金荣。话剧《初心》首演那一年我大二,如今,那时的演员都已毕业了。

---

[1] 男,商学院市场营销161班。《初心》剧组道具组组长。

回想起以前的经历，那些如同电影般的镜头一幕幕在我眼前划过。"初心"这个词，我们听过太多遍，一步一步走过来，经历了太多。

首演前，我们做了充分的准备工作，寻找道具，想着法子跟当时我的会长周子豪一起去建材市场、去隔壁校区寻找合适的书架。为了借到休息室的书架，我们打遍了后勤的电话；为了烘托场景气氛的摆件，我们冲进了书记的办公室；那个时候不像现在有这么多精心设计的场景和道具，都是一件件找出来的。在那个时候我明白了，问题多并不可怕，一个个解决就好了。

我们总是排练到深夜，从晚自习里挤出时间。在狭窄拥挤的楼道，总是有导演王金超学姐的怒吼，可回应她的是更为坚毅的面孔和一声声响亮的台词。这一群人为了齐心协力把一件事做好，单纯而又执着。

有一句话我一直记在心里。一次排练，学生会主席李林红学长有事找我，却发现我独自往三楼搬盆栽，而我的组员们却在原地不知道干什么。那时候，他严肃地跟我说："作为一个管理者，要学会安排别人去做，而不是什么事情都自己干，别让我们有更重要的事想找你的时候却找不到你。"这句话让我明白了在其位谋其职，不要不好意思安排组员们干活。他的语气很严厉，但我照做了，在以后的排练中，我再也没有出现过工作来不及处理的情况。为了追求极致的换幕速度，道具组人数最多的时候舞台两侧有50人，却从来没有出现在舞台上互相碰撞的情况。

严肃紧张的排练结束，我们总会在那个充满回忆的东北马丫饭店吃一顿夜宵，大家欢声笑语，缓解着一天的紧张与疲劳。有一次，因为通知发错群，我拉组员小群没拉他们会长的事情"败露"，这个"仇"他们记到了现在，我说："这不是加强团结嘛！"

首演结束的那一晚，我们所有人都参加了聚会。我真的很高兴，觉得这么久以来努力的成果，终于在这一天圆满展现了，我们每一个人都很有成就感，因为舞台的灯光是属于我们的。

后来，我们一次次外出演出，我这个原本不敢上台、不敢表演的人也站上了舞台，成为剧中大反派角色。我曾因高中到大一"成绩光环"消失而迷茫，但在《初心》剧组，我重新发现自己的闪光点，这一切少不了王金超学姐、洪坚书记还有我的朋友们对我的鼓励和支持。王金超学姐说："交给正宇的事情，他不多说，回头就给你办好。"他们的话总在我迷茫时给我信心。在这个过程中，我也与很多朋友结下真挚的友谊，直到毕业我们还经常一起聚会。

现在，我更坚定地认为，这段路对我往后的人生路有着很大的影响，它是我大学生活中引以为傲的一部分，它不是全部，却超过了全部。我想说："在《初心》这段路，每个人都是主角！"

感谢《初心》，感谢在《初心》剧组遇到的每一个人。感恩！共勉！

忆《初心》有感

梁 能[1]

自剧本创作至现在，筹备话剧《初心》第一场演出的场景依旧历历在目。

从最开始在一号楼四楼排练时搬道具凳，到小剧场排练时搬道具桌，再到寒冬腊月的风里为了一件更合适的道具去建材市场跟学长制作道具，经历种种，话剧《初心》最终在2017年12月9日成功上演……我记得，那年的冬天特别冷，排练地点在一号楼四楼楼道的空地上，没

---

[1] 男，文法学院汉语言文学162班。《初心》剧组道具组组长。

有空调，四周没有任何遮挡，大家只能靠"一身正气"抵御寒冷。可演员们在穿着薄薄的剧服排练时像浑然不觉凛冽的寒意，一个场景有时一晚上就连着排练十几遍，一练就是三四个小时。道具组成员在手指僵硬的情况下，配合着演员一遍遍地搬着桌子、凳子、茶杯、扇子、笔筒……因为话剧《初心》是原创，100多号剧组人员谁也不知道最终呈现在舞台上的效果将是怎样的，但每个人都铆足了劲想把这件事做好。也正是因着每一个人在寒冬里简简单单的热爱，才让这部剧一步步走到了现在。

12月9日成功上演后，话剧《初心》就迎来了去其他高校演出的高峰期，一场场演出，一次次谢幕，一遍遍听着演员们合唱着让人热血沸腾的《国际歌》。在先辈们开天辟地的革命精神的感召下，我开始思考，作为当代青年，应该如何度过青春年华？

"无论走得多远，不能忘记来时的路"，我来自曾经被称为"苦脊甲天下"的宁夏回族自治区固原市，求学路途十分艰辛。但在中国共产党的领导下，求学路上有国家助学贷款、社会公益助学金、校内勤工助学岗位，让我顺利地进入大学学习并毕业，也找到了一份不错的工作。不忘求学路上的艰辛，珍惜来之不易的幸福，用自己的方式回馈社会，对于我来说这样的人生才会有意义。走出贫困的家乡不是为了摆脱它，而是为了学成本领去建设它。我想，我的一生就应当这样度过。

现在，我的家乡在国家一项接着一项的好政策下脱贫致富了，随处可见的是农民们热情洋溢的笑容，教育体制的完善也让每一个孩子都有书读，生病了有医保，日子正一天天富足起来……而这一切的一切都源自于当时平均年龄只有28岁的先辈们，用自己的满腔热忱建立的中国共产党，并且保持着一颗炽热滚烫的"初心"，保持着对华夏大地深深的热爱，才会有现在的锦绣山河，盛世中华。革命先辈们曾经踏过的荆棘坎坷，现已繁花盛开！

如果信仰有颜色，那一定是中国红！最后，感谢《初心》，感谢演出路上遇到的每一个人，感谢曾经并肩走过3年且满腔热爱的我们……同时愿从《初心》剧组走出来的我们心中有信仰，脚下有力量，以后能站得更高，走得更远；也愿《初心》剧组走得更远，"中国红"的信仰，传遍祖国的万里河山！

《初心》之悟

王　博[1]

话剧《初心》第一次走进我的生活时，我还是初入大学的莘莘学子中的一员，第一次以观众身份在剧场中观看学长学姐的演出。通过他们投入的表演，我第一次了解到中国共产党成立的不易与艰辛，了解到各位革命先烈的不屈意志与坚定信念，演出结束后我的内心久久不能平静，心想或许我也可以成为他们中的一分子。

怀揣着这个想法，某天在校园里看到了《初心》剧组招新，我便积极地去面试，努力加入这个"大家庭"，最终以道具组成员的身份加入。道具组，顾名思义就是确保每一幕会准确按时出现应该出现的道具，为场上的表演更换场景。加入道具组以后，我可以在幕后以一种全新的角度去欣赏这部话剧，去了解这部话剧是如何运作、如何进行的，还可以陪同演员排练演习，这让我对这部话剧的了解更加深入，产生了更加强烈的敬佩之情。

---

[1] 男，文法学院汉语言文学193班。《初心》剧组道具组成员。

在这七幕话剧中，令我印象最为深刻的莫过于第四幕和第五幕。在第四幕中，一大代表们在李公馆开会，讨论党纲和提案，争论在所难免，但当李汉俊先生喊出"我也不是胆小鬼！我也不怕牺牲，要是有一天你们告诉我，我李汉俊流下的血可以拯救劳苦大众，我一定义不容辞"时，我的内心被他的声音所震撼，有了发自肺腑的感动，感慨着他们的大无畏精神！而在第五幕会议险些被发现时，李汉俊先生凭借着自己临危不乱的口才随机应变化解危机。这生死存亡的重要时刻，更加让我了解到中国共产党成立的不易！

如今，我加入《初心》剧组已经一年了，从一名观众到参与其中，秉承初心，砥砺前行。红色话剧《初心》讲述着的中国共产党的成立。为了庆祝建党百年，《初心》剧组百年百场，弘扬红船精神，传播红色文化。我坚信，伟大的红船精神必将在历史的长河中，历久弥新，《初心》也必将更加美好！

初心不忘，再起航

林万候[1]

2017年的夏天，以大一新生的身份进入大学后，我遇到了很多友善的老师和同学，之后我加入了学生会，在学长学姐带领下组织过很多次学生活动。话剧《初心》是当时最大的活动之一，台前幕后有很多人一起参与。我参与的是幕后工作，平时组织过活动的学生会朋友、演员

---

[1] 男，文法学院汉语言文学171班。《初心》剧组灯光组成员。

和其他工作人员经常和我一起排练至深夜，有时候还要赶在门禁之前回到宿舍。大家因为长期一起工作，彼此感情都很好。因为我有两个室友都在话剧当中出演角色，所以排练完我会在后台等着他们一起回去。一来二去，我和演员组的其他演员也因此建立了很好的关系。幕后工作人员配合着演员调控灯光音乐、搬运道具、布置背景，那个时候大家都在为了12月9日那天的演出刻苦准备着。

排练的2个月里，记忆比较深刻的是临近期末考试，大家不仅要准备话剧，还得复习功课。当时我还在音乐组里，每一个人都带着打印的资料在休息候场的时候苦读。演出当天，大家在休息的时候还是和平常一样说笑，而到了17点以后，演员们进行化装和备戏，幕后人员也要确保设备的正常运行，气氛一下子紧张起来。观众陆续进场后，能明显感觉到剧组的紧张感，当然这种感觉只在我们大一新生之间存在，学长学姐已经经历过几年的话剧演出，显得游刃有余。演出过程就像以往排练的一样，到舞台及后台工作人员上台谢幕的时候，每个人的脸上都洋溢着笑容。终于结束了，长达2个月的排练终于在演出当天得到了一个圆满结束，但是对我只是一个开始。

大二我留任了学生会，也留任红船剧社。当时，王金超学姐给幕后工作人员开了会，问大家是否留在红船剧社。因为之前的演出离期末考试的时间比较近，话剧工作的准备对大家的考试有所影响，很多人都不想留任。我当时还在犹豫，学姐对我说，我的室友都留在这边，我应该也会留下吧，我当时愣了一下，点点头。之后我便从音乐组调到灯光组，灯光组的组长恰好是学生会的部长，于是对我来说一切和大一的时候没有变化。

之后我们依然演出话剧，在舞台上向大家展现共产党创立时候的情景。剧本时常进行优化改动，我参与了每一次的改动，每一次都会被先辈们为人民奉献的精神感动。红船精神也在每一次的演出中打磨着我的心，所以《初心》对我而言不只是一部话剧，也是一种精神的寄托和向往。

再之后，我成了灯光组的组长，在排练和演出的时候总会出现一些差错和意外，我每次认真分析原因，下次努力做好。《初心》在一次次优化，我也在一点点成长，在多次磨合以后，我也如当初游刃有余的人一样。话剧《初心》既是一种传承，也是一种历练和成长。

我与《初心》

王长昊[1]

习近平总书记曾强调，事业发展永无止境，共产党人的初心永远不能改变。唯有不忘初心，方可告慰历史、告慰先辈，方可赢得民心、赢得时代，方可善作善成、一往无前。

2020年9月，全球尚被笼罩在新冠病毒感染的阴云下。秋天的开学典礼非常特殊，我们坐在教室里观看学校的直播。在一系列讲话结束之后，我期待的歌舞表演并没有出现，全场灯暗，三声钟响，灯光亮起，一个崭新的世界出现在了我的眼前。这就是我和话剧《初心》的第一次邂逅。

《初心》生动形象地还原了"南陈北李，相约建党"的故事。在那个民不聊生的年代，早期的共产党人在中共一大对中国未来的道路进行了激烈的争论，还险些被捕入狱，最后在嘉兴南湖的一艘画舫里，宣告

---

[1] 男，文法学院法学202班。《初心》剧组灯光组成员。

了中国共产党成立。这短短的 1 个小时带给我的不仅仅是震撼，还在我心里埋下了一颗种子，究竟是多么优秀的剧组才能复刻出当时惊心动魄的场景？我对这个剧组产生了好奇。

在学院开展新一届党团学组织招新宣讲活动那天，我对《初心》剧组由好奇转向憧憬，在结束了长达 2 个多小时的招新宣讲后，《初心》剧组也来招新了。学长学姐在前面神采奕奕，有的举止优雅，落落大方；有的活泼开朗，神采飞扬。《初心》剧组的演员真厉害！我由衷地感慨。

进入《初心》剧组的契机也很独特。2020 年的 12 月，我参演了一部话剧，因此结识了不少剧组的学长和学姐。寒假里，有一位相识的学姐问我要不要加入灯光组，我一开始认为灯光组要调灯光，对我而言很难就没有立刻答应下来，后来才知道灯光组是放大屏幕的。台上的演员固然风光，也离不开幕后工作人员的辛苦付出。音乐、灯光、大屏、服装、道具、台词、宣传、化装，还有组织筹划演出的人，他们来自不同的地方，不同的学院，却有着一个共同的理想和信念——初心。

还记得第一次上手放屏幕，我因为太紧张而错误百出，但组里的学姐没有指责我，而是耐心提醒我该怎么怎么做。那场表演让我印象深刻。从那次起，我更加细致，努力做到放屏幕时不出差错。这半年来的大大小小表演，在放屏幕方面基本没出过什么问题，这让我有点小小的骄傲。

一路走来，我非常开心。我很荣幸能加入《初心》剧组这个"大家庭"，希望以后能为剧组做出更多的贡献。

初心不忘，流年不负

祁美佳[1]

我想，无论过去多久，我都不会忘记我在幕后看的第一场《初心》。

与一直在灯光下的演员不同，作为灯光组的工作人员，我与大部分《初心》剧组的成员一样，永远在厚重的幕布后。开场前，我与其他成员将大屏幕调好，演出开始后，我们的视线就处在演员与大屏幕之间。一场话剧是否成功，不只在于演员，灯光、屏幕、音乐、服化、道具等都是不可或缺的一部分。

还记得第一次与组长躲在舞台的背面时，我突然意识到也许我再没有机会在舞台的正面看一场《初心》，那一刻我甚至想掀开挡在面前的幕布，冲到观众席前。我没有冲出去，因为我在黑暗之中看到了舞台上演员们挺拔的脊梁。那是观众们永远无法看到的演员们的背面。那脊梁，向前是演员们在没有观众的剧场里，在没有灯光的舞台上一遍又一遍地练习，背台词的声音、反复练习走位的声音一遍又一遍在我耳边、眼前、脑海中浮现；那脊梁，向后是革命先辈们用鲜血谱写的祖国盛世，在战火纷飞的年代，刀枪刺穿了胸膛，恶势力捆绑起了先辈们的手脚，但那脊梁却没有一刻弯曲下来。当《国际歌》的第一句响起，我站在舞台的背后，早已经热泪盈眶。

我在《初心》剧组待了3年。从最开始当灯光组组员到最后成为组长，从最开始的一无所知到最后能够熟练应对各种情况，从最开始游离

---

[1] 女，文法学院汉语言文学181班。《初心》剧组灯光组组长。

于剧组之外到最后同每一个人打成一团，剧组对我来说早已经不是一个简单的组织，而是我生活中的一部分，我期待着每一场演出。

我期待着与团队中的每一个人见面，期待着对讲机里传出熟悉的指令，期待着最后的歌声响起，在每一个黑暗的时刻，唤起我，唤起我们炽热滚烫的"初心"。

《初心》不落幕，青春不散场

徐 鉴[1]

不知不觉，从《初心》的红船第一次在舞台上扬帆，至2022年已经过去了5年。在《初心》剧组灯光组的时光，不单单一个"累"字可以形容。还记得话剧《初心》首演前的那段时间，一场场排练几乎填满了每一个人的空闲时间，从早上睁眼到晚上闭眼，中间全部都是排练，没时间吃饭、洗澡仿佛成了常态。

人们常说，当你回想一段经历的时候，如果感到快乐，那它带给你的苦难便微不足道。现在回想起来，在灯光组的时间虽然辛苦，但其无疑成了我大学期间最充实、最满足、最有收获的时光。

我对这段经历的感悟可以用一个词来概括，那就是"责任"。话剧从来不是一个人、一个组可以完成的，但反过来，一场话剧的成功也离不开每一个组、每一个人。正因为每一个人都能够承担起自己的责任，才会有《初心》最后的完美落幕。以我们灯光组为例，我们在一次次排

---

[1] 女，文法学院法学162班。《初心》剧组灯光组组员。

练过程中，除去导演提前安排的打光工作，我们还对灯光和演员出现配合失误的场景、灯光效果不足以呈现舞台目的的场景等做了总结，结合灯光设备存在的局限性问题向导演组提出场景的灯光效果修改建议、打光方式修改建议等，力求在舞台灯光方面展现出最强的表现力。而最终话剧演出的成功，无疑是对我们的责任心的最好反馈。

《初心》不落幕，青春不散场；把酒敬赤心，红船正远航。

聚光灯之外

郑露曦[1]

"我叫王会悟，浙江嘉兴人，去年……"

一束聚光灯打在舞台上，随着王会悟的扮演者登场，话剧《初心》的演出正式拉开帷幕。随着剧情的推进，观众们或为李达与王会悟同甘共苦的爱情而会心一笑，或因代表们在会议上的激烈争执而陷入沉思，抑或在共产党人以薄酒敬初心一幕为之动容……这些所见所感，成了绝大多数人对《初心》的唯一记忆。但作为剧组的工作人员，我的《初心》记忆不只是演出中可歌可泣的建党伟业，还有聚光灯之外的故事。

带着开学典礼首次观看《初心》时的震撼，我于2020年11月份加入剧组，成为服化组的一员。每一次演出，站在昏暗的不引人瞩目的后台，我能清晰地感受到在一次次成功演出的背后，藏着许多人的默默努力和奉献。演出开始前，演员们总要花费一整个下午的时间进行彩排，确保

---

[1]女，文法学院汉语国际教育201班。《初心》剧组服化组成员。

晚上演出没有差错，服化组一遍又一遍不厌其烦地核对所有戏服；演出进行中，灯光组小心谨慎地在后台操控着每一盏灯准确落点，音乐组时刻注意着剧情的推进情况，实时更换背景音效；结束后，道具组的几个女孩子将沉重的大方桌抬回道具间，宣传组加班加点制作微信推文……处理好繁杂且琐碎的工作和一届又一届同学的坚持，成为《初心》走向更大舞台的路上不可或缺的因素。

在聚光灯之外，"初心"人的信念感也让人印象深刻。犹记得在一次演出即将结束之际，我如往常一样等待着演员谢幕。在全场观众热烈的掌声中，全体主演站成一排向各个方向鞠躬道别。这时我无意间瞥见，在后台不起眼的角落，饰演渔夫的演员也正对着观众的方向谢幕。台上的演员抬手，他便也抬手；他们对观众鞠躬，他便也鞠躬；他们向观众挥手告别，他也挥手致意。即使观众无法瞧见他的举动，即使他只是饰演了一个不露脸且仅有两三句台词的小角色，但此时我在他身上看到了属于"初心"人最诚挚的热爱和信念。

百年前，在有300多个政党的历史舞台上，中国共产党起初并不起眼，但仍以星火之躯成燎原之势；百年后，在党的诞生地，一群大学生重演建党故事，聚光灯之外亦满是动人"初心"。

《初心》剧组的演职人员无论忙碌于台前还是幕后，无论是否拥有共产党员的身份，都在自己的岗位上默默坚守，都身体力行地践行着党员的精神信念，将建党精神薪火相传，继续砥砺前行。

不忘《初心》

鲍宁静[1]

初次听到话剧《初心》这个名字的时候，我便在想，"初心"到底是什么？我以为"初心"是一个人最初的愿望，是一个人做一件事的本心。我当初就是被这样一个单纯的寓意所吸引，进入《初心》剧组。直到我真正进入话剧《初心》，才发现当初的想法是多么的肤浅和片面。

正如那句"不忘初心，牢记使命"一般，《初心》代表的不仅仅是本心，更是使命与责任，是一代革命先辈创建中国共产党的初心，是每一代人为中华民族谋复兴的初心。在嘉兴学院，《初心》承载着一代青年学子的梦想与初心，在嘉兴这个红色圣地扬帆起航。

选择进入宣传组，首先是想要提升自己的文字能力，但在宣传组中，我学到的远远不止这些。还记得第一次观看《初心》，我就被老一辈的革命先辈为了同一个目标信念抛头颅、洒热血的精神所感动。还记得中共一大在上海召开的时候，代表们虽然意见有一些分歧，但他们的目标相同，他们争论只是为了让这个共同的目标变得更加稳固长远。当一群人为了同样的目标而奋斗时，那种凝聚力，那种力量，是多么的感人。

当然，最激动人心的一幕，我觉得是最后一幕，所有人举杯敬酒，敬天地，敬伟人。"为天地立心，为生民立命，为往圣继绝学，为万世开太平。"这句话从高中起就让我印象深刻，虽然语言简洁，却包含着一个人穷尽一生要实现的目标与使命。最后一幕，演员们眼里迸发出的

---

[1] 女，文法学院汉语国际教育201班。《初心》剧组宣传组成员。

理想信念的光，足以让台下观众为之起身，为之触动。作为宣传组的成员，我看到了演员们上台前认真准备的模样，他们理解老一辈共产党人的精神与使命，希望能用自己的表演将先辈们的精神传递给更多的人，让更多的人明白他们的艰辛和坚定的信念。

话剧《初心》彰显了红船精神，彰显了一代人开天辟地、敢为人先的首创精神，他们敢于把天底下最难的事情扛在自己肩上。老一辈共产党人为理想而奋斗，为真理而奋斗，他们敢于牺牲的精神值得我们歌颂。正是话剧《初心》让我更加坚定了要加入中国共产党、要始终跟随党的脚步的信念，因此我提交了入党申请书，从党校顺利毕业，未来我也将努力，争取早日入党。

小小红船承载千钧，播下了中国革命的火种，开启了中国共产党的跨世纪航程。未来，我们应大力弘扬红船精神。未来属于青年，我将不懈奋斗，不忘初心，为中华民族的繁荣昌盛贡献自己微薄的力量。

下编

《初心》赓续篇

岁月静好，不忘初心

——观《初心》有感

张维肖

陈独秀曾言："青春如初春，如朝日，如百卉之萌动，如利刃之新发于硎，人生最宝贵之时期也。青年之于社会，犹新鲜活泼细胞之在身。"我想青年的重要性与红船精神的传承性便是《初心》这场话剧所带给我的最深刻的体会。

话剧《初心》由嘉院学子共同表演，演绎了中国共产党诞生那段艰辛又具有伟大意义的时刻。时间发生在1921年，故事从李达与他的妻子王会悟的相识相爱拉开了帷幕，无产阶级爱国人士冒着枪林弹雨，冒着生命危险，在中华民族最危难的时刻齐聚一堂，从上海再到嘉兴南湖，顺利举行了中共一大，中国共产党这颗太阳便从东方冉冉升起！演员们生动逼真的表演，满腔饱满的热血像烈焰般点燃了观众内心的火种，赢得了阵阵掌声。

"赤潮澎湃，晓霞飞动，惊醒了，五千余年的沉梦。"中国产生了中国共产党，这是开天辟地的大事变。于这场话剧中，我仿佛置身于事内，进行了一场灵魂穿越。在那个时代，我遇见了悲悯的李达，看到了勇敢温柔的王会悟，听见了张国焘慷慨激昂的陈词，望见了陈潭秋眼里的星光……

《初心》具有教育性，我最重要的体会是它教会了我如何去实践爱国,以及点醒了当代青年对这个社会、这个时代的重要价值。当今社会科技繁荣、文化昌盛,一代又一代共产主义接班人不忘初心,勇担使命,做时代的弄潮儿。然而,并不是所有人都如此。有时我特别欣赏树,无论枝干如何生长,主干却不变,此之谓初心不变,但总有些人路上走着走着就忘记了何为初心。社会中仍然存在着破坏国家领土完整,破坏国家利益的人,社会并非永远太平,那些枪林弹雨的日子也并非一去不复返。中国的未来、世界的和平需要我们一起维护,这便需要我们——当代的新青年把握当下,正确处理好个人与社会、与国家的关系。发扬红船精神,就是弘扬开天辟地、敢为人先的首创精神;立党为公、忠诚为民的奉献精神;培养爱国情怀,增强创新能力,为中华民族伟大复兴的中国梦奉献青春与智慧。我想这就是初心,嘉院的初心,中华民族的初心!

演出结束了,我的眼里既有泪也有光。因感激老一辈中国共产党不怕牺牲,开天辟地的大事迹而有泪,因红船精神不断传承,中国青年不忘初心,砥砺前行而有光。前方是烟波浩渺,是荆棘满丛,亦是光芒万丈,我暗暗告诫自己:岁月静好,不忘初心……

继往开来,谱盛世赞歌

缪 乐

> 游目八荒,河清海晏;
> 我们生于盛世,长于盛世;
> 未来的盛世也更将由我们谱写。
>
> ——题记

那夜，群星璀璨，在嘉兴学院的小剧场里，我与百年前的伟人们进行了一场跨越时间、空间的灵魂交流。

将时间回拨至20世纪初。在那个战火纷飞、满目疮痍的年代里，中国共产党的成立可谓平地之惊雷，划破了社会沉重的黑暗，使星星之火亦有燎原之势。故事便从一对新青年——李达和王会悟的初遇讲起。

李达在当时已小有名气，他对马克思主义的见解颇深，时常在《新青年》上撰稿，发表有关的评析文章，是一个坚定不移的马克思主义者。王会悟初遇李达时，正21岁，封建礼教的束缚与压迫没有磨去她的棱角，反而使她形成了独立思考的习惯，她对新文化、新思想的推崇和见解深深吸引了李达。于是，志同道合的两人在一次次会晤中暗生情愫，并于1920年正式在陈独秀先生的家中完婚。婚后，两人不仅是恩爱的夫妻，更是在风雨飘荡中砥砺前行的战友，他们是百年前千万有识之士的缩影，他们共同致力于宣传新文化、新思想，共同寻找挽救民生凋敝的中国的出路。在李达的影响下，王会悟也转变为了马克思主义者。

在万马齐喑的年代里，先辈们目睹了百姓的愚昧麻木，经历了生活的困窘难挨，承受着社会的质疑排挤，但他们从未放弃。"天将降大任于是人也，必先苦其心志，劳其筋骨，饿其体肤。"他们亦在苦难中找寻出路，在失望中找寻希望，在黑暗中找寻光芒。历史的车轮滚滚而来，带来的并非碎石与荆棘，而是挺立在血与火之中的玫瑰，是前路，亦是火炬。

1921年7月，从上海法租界到嘉兴南湖，从一无所有到满怀憧憬，尽管中共一大的会议中时有危险，几次险些被特务发现，好在王会悟及时且合理的提议——转移会址，使革命事业转危为安。终于，在南湖的一叶红船中，中国千年历史上的第一个由工人与农民为主导的政治党派——中国共产党正式成立了！

台上高呼的表演者们仿佛与百年前的先辈们的身影重合，当年他们之中，有意气风发的少年郎，也有秉节持重的老前辈，但不变的是他们同有一颗为人民、为国家殚精竭虑的心！在暗无天日的岁月里，侵略者可以抵挡天上的太阳，却无法抵挡民族的光芒。"我愿做这急先锋，九死而不悔，虽千万人吾往矣！"百年前的先辈们以身躯血肉，以脊髓灵魂，拼尽全力率领民族走向前路。

江山代有才人出，今天的中国早已摆脱了帝国主义的直接控制。百年间，共产主义之火在整个神州大地上熊熊燃烧、经久不衰。今天，"神舟""天问"不断创造"中国高度"，"蛟龙"潜海迅速成就"中国深度"，高速铁路持续彰显"中国速度"……今日的中国处处繁花似锦。一代人有一代人的使命与担当，百年前先辈们身体力行地交出了满意的答卷。而生于盛世、长于盛世的吾辈之青年人更应砥砺奋进，不负时代机遇，不负青春年华，将青年理想与历史使命同频共振，奏响时代的最强音！

建党百年，不忘初心

孙怡萱

礼场聚新生，华台释《初心》。九杯茶水敬得澎湃，敬得激昂，敬出的是千千万万后辈对先烈开天辟地功德的歌颂和敬仰，敬出的是千千万万青年嵌入内心如潮水涌动的家国情怀。

回想曾经的峥嵘岁月，一声炮响，俄国十月革命将希望的火种投向了中国大地，马克思主义传播自学术指导思想到党派指导理论，为帆为桨引航着中国的巨轮驶向世界，驶向未来。中国共产党早期组织的成员们怀揣着"为有牺牲多壮志，敢教日月换新天"的胆魄，践行着"我们不是生而英勇,只是选择无畏"的信仰,筹备会议,将理论变成实践,中共一大的召开标志着革命面貌的焕然一新。中共历经千险,在动荡和血雨中诞生,从此壮大,从此坚定,劈开旧社会的黑暗,造就新中国的光明!

大风泱泱,大潮滂滂。洪水图腾蛟龙,烈火涅槃凤凰。叹息中华当年,饿殍遍野,满目疮痍,又见祖国昌盛,山河如画。嘉兴南湖船上的宣誓声被百年光阴稀释,百年后我们仍以其为初心,感受其在中华儿女血脉上的蓬勃心跳。遥想往日,看无数共产党员奋起,无数先进青年扛起重担,一面中共的旗帜迎风翩跹,一股革命红色血液仍然澎湃!

旭日东升,绵绵江雨,微光轻抚老树,江波粼粼动听,王会悟静坐船头,船厢争议积极,江风送红船,船头裁水面。细碎的水声如鱼唼喋,濯洗着明澈的情怀,漫游往百年后的未来。依仗中国共产党的正确领导,依仗中华民族万众一心,如今中国繁盛。但历史的重任仍需肩负,时代的信仰仍需传承。而今之责任不在他人,全在我们!百年后的今天,我们仍以最初的心,走最远的路!

不忘初心

郑艾琳

那天晚上看了话剧《初心》,感触很深。这部作品让我仿佛回到了1921年,那个风雨飘零又具有历史性的一年。这一年,是伟大的中国共产党诞生的一年;这一年,是革命的曙光刺破夜空,粉碎反动派阴谋的一年;这一年,是中国人民开始救亡图存,以命搏击就此觉醒的一年。

从这一年开始，中国人民的时代真正来临！

"正是江南好风景，落花时节又逢君。"在如诗如画的江南水乡，水波荡漾的南湖，一叶小舟揭开了中国历史崭新的一页。如寂寞无声的黑暗中亮起的一盏明灯，刹那间，中国人民前行的道路光辉四溢。通过话剧《初心》，我看到了那个年代的革命烈士以鲜血书写历史，铸就反抗的城墙；我听到了狂风暴雨中革命烈士与反动派抗争，那撕心裂肺的呐喊。这时我才惊觉，原来四散的星星之火亦可成燎原之势。

鲜红的旗帜上一把镰刀和铁锤的图案——党的旗帜，它凝聚了多少人的鲜血与汗水、多少中国人民铿锵的誓言。平时斯斯文文的李达先生讨论起党纲来，慷慨激昂，为了一个字反复争论。他曾哽咽、愤懑："偌大的一个国家，我们连自己的火种都没有。"让我不禁潸然泪下。他的妻子和他志同道合，没有一丝怨言，冒着生命危险在船头观察情况。他们没有轰轰烈烈的爱情，却有着比这更深的情谊，是灵魂的契合，是相同的为革命事业付出一切、奋斗终生的初心。

"军阀要我死，我要中国生。"陈独秀的这句话完美写出了革命者大无畏之精神。"砍头不要紧，只要主义真，杀了夏明翰，还有后来人。"这是年轻的共产党员夏明翰临死前挥笔写下的浩气长存的就义诗，在生命的最后一刻，他也从未后悔献身共产主义。"我遗憾的是为我们党工作得太少了"，如此不屈不挠。正是因为他们的这些精神，即便世态不公、人心麻木，在革命的修远路途上，他们以"虽千万人吾往矣"的勇气，直面牺牲而不悔，不忘初心，负重前行。

都说"没有共产党，就没有新中国"，28 年的浴血奋战，1949 年崭新的中华人民共和国诞生，东方巨龙仰天长啸，惊天动地。党从血雨腥风中走来，从枪林弹雨中走来，经历了无数血与火的洗礼，从小到大，从弱变强，带领中华各族儿女从一个胜利走向另一个胜利，从一个辉煌迈向另一个辉煌。

今天，中华民族燃烧了整整一个世纪的复兴之梦，正逐步成为现实。历史的车轮滚滚不息，弹指一挥间，100年过去了，旧中国千疮百孔、民不聊生的时代已成为历史，取而代之的是生机勃勃、一片繁荣的景象：昔日的穷乡僻壤，而今牛羊成群，五谷丰登；昨日的茅檐瓦舍，而今高楼大厦，科技腾飞。党一直带领着我们昂首阔步，一路向前，披荆斩棘，开辟新的航向。

和平年代，其实并不需要每个人都干出一番惊天动地的大事，但我们要明白，如今的幸福生活是无数革命先烈坚持理想信念，前仆后继，抛头颅、洒热血换来的。让我们为中国人民谋幸福，为中华民族谋复兴，不忘初心，方得始终！

不负青春

黄雨欣

身为一名纯文科生，我对历史的兴趣并不是一蹴而就的，而是来源于与历史一朝一夕的相伴。2021年上半年，为庆祝中国共产党成立100周年而推出的红色电视剧《觉醒年代》如黑马般在一众电视剧中脱颖而出，一跃成为广大观众眼中的良心好剧。剧中所呈现出的历史人物，诸如陈独秀、李大钊、爱国志士郭钦光等，都以一种动态的形象为老戏骨们所演绎，这不仅让我们对这段历史有了更为深刻明晰的认知，也激起了我们对革命家们的激情与热血的深深感慨与敬佩。那令观众赞不绝口的演技，扑面而来的历史厚重感与演员对角色心理个性的细致揣摩和恰到好处的理解，无一不是致其爆火的原因。它所带给观众的并不仅是一段历史，更是在那晦暗不明、风雨飘摇的年代，一众爱国志士高举理想信念的火炬和爱国的旗帜，披荆斩棘也要为国人照亮前方道路的坚定信念与意志。辅以国人愈发高涨的爱国热情，《觉醒年代》这样的好剧值得大爆，值得被越来越多的中国人看见并了解。

再说嘉兴南湖，这个红船起航的地方。百年前的中国满目疮痍，伤痕累累，内外危机此起彼伏。就在这个关键时刻，于嘉兴南湖的一艘游船上召开了开天辟地的中共一大，中国革命的面貌从此焕然一新。于是，当我看到嘉兴学院的话剧《初心》的那一瞬间，一幅氤氲着希望与沉痛的历史画卷便在我眼前摊开了，它无声地诉说着中国革命的艰辛与心酸。为探索救国救民的道路，一群有志之士奋起抗击。中国是有出路的，为此，李大钊、陈独秀、毛泽东等人在混沌中上下求索。为了唤醒民众救亡图存的思想意识，他们先后推动发起了新文化运动与五四运动，并在摸索中国前路的过程中，逐步确立了社会主义与共产主义的信念，坚信只有社会主义与共产主义才能够救中国。随后，十月革命一声炮响，为中国送来了马克思主义。陈独秀、李大钊等党的早期领袖，有理想、有锋芒，他们的革命精神与斗争精神深刻传递着爱国爱党、艰苦奋斗的正能量。那时的中国人，骨子里都带着一股冲劲，甘愿为中国革命献出自己的灵魂与生命，燃烧自己直至最后一刻。《新青年》的出版，让受苦受难的民众抑或是青年学生、商人、工人的眼睛里有了希冀。一时间，当真是气冲斗牛。

陈独秀先生曾在《爱国心与自觉心》一文中写道："国人无爱国心者，其国恒亡。国人无自觉心者，其国必殆。二者俱无，国必不国。"倘若没有革命先烈的奋斗与牺牲，便没有祖国现在的繁荣昌盛。因此，吾辈青年更该将"爱国"二字镌刻于心，使之内化于心，外化于行。

借用李大钊先生《青春》一文中的语句："以青春之我，创建青春之大家庭，青春之国家，青春之民族。"陈延年烈士以"共产党人，宁可站着死，绝不跪着生"对抗敌人的残暴与挑衅，陈乔年同志说："就让我们的子孙后代享受前人披荆斩棘的幸福吧！"先生们，如今这盛世如你们所愿。你们，看见了吗？

不 负

章绿绿

之前，关于红船，对我而言，也就只是写在书上简单的一句话。1921年，一大代表先是在上海召开会议，后来又转移到嘉兴南湖的船上。这种印象模糊在文字里，成为试卷上的一个答案，直到看到了话剧《初心》，我才感受到历史书上短短的一句话是如何的波澜壮阔。

这是我第一次现场观看话剧，内心受到的震撼不可谓不大。当布景变换，灯光转变，演员们从黑暗步入灯光之下，历史的画卷便徐徐展开，我仿佛再一次听见百年前那些热血沸腾的呐喊。我发现原来有意义的作品从不会令人觉得乏味，即使是相对严肃的体裁，也让人看得津津有味，心神激荡。

其中印象深刻的是会议的讨论情形。虽说人多而不杂，但是会议开始不久后就有了分歧。有人坚持马克思主义的正确性，有人反驳需要为了群众考虑实用性。说着说着，都激动起来，一旁的其他人见状也纷纷提供意见。舞台中央投下的灯光，照在"代表们"年轻的面孔上，照在因为急切而皱起的眉头上，照在一双又一双充满激情和希望的眼眸中。

他们的眼睛，在发光。

百年前的他们，没有固定的开会地点、没有安全保障措施，但依旧铁骨铮铮，勇往直前。他们争执着，讨论着，要把自己的观点贡献出来。誓死为这个国家披荆斩棘，开出一条新路。

百年后的我们，坐在剧院里，看他们的故事，热泪盈眶。

这是我的大学生活第一堂课，和想象中不同，却理应如此。

学习，不再是沉溺题海，而是更切身的感受。学习关注这个社会，学习拓展技能，少年锐气于胸中生，试着接下先辈守护的火种，继续前行。

很多人说，我们这一代出生在娱乐至死的时代，没有尝过战火的味道，何来足够硬的脊梁骨支撑这个国家？

此刻，我想，我们可以。虽然我们不曾为战争而困扰过，但我们也面对着21世纪的挑战。我们会抱怨，会不满，但在百年不变的夜色里，我们抬起头，眼底是和先辈们同样浩瀚的星河和对未来的向往。

大学是我们尝试着担起责任的开始。

愿不负这盛世，不负先辈所拼下的山河。

给青春播下一粒种子

陈 曦

金秋九月，烟雨朦胧。伴着白露节气的到来，我带着有大海颜色的录取通知书来到了位于党的诞生地的大学——嘉兴学院。带着希望和憧憬，嘉兴学院为我的青春再次播下一粒种子，那便是一颗坚定梦想的"初心"。作为嘉院的一张亮丽名片，话剧《初心》光彩夺目。在文法学院开学典礼隆重召开后，《初心》如约而至。

昏暗的背景突然出现了两道明亮的光，融入这象征旧中国希望之光里的是一男一女两个年轻人，他们通达的性格和求知的眼神同样耀眼。他们是一对革命夫妻——李达、王会悟夫妇。伴随着他们的相识、相知、相爱再到共进退，又一批革命先辈映入我们的眼帘：李汉俊、毛泽东、董必武、邓恩铭……有着较好的口才和博大的胸怀，他们如此炽热的革命情怀再次震撼了我的心灵。

印象最深的场景便是各位革命先辈举杯表达谢意的那一幕。敬敌人、敬朋友、敬马克思，这茶虽不是酒，但却远比酒更加醇厚、炽烈，一滴滴流经华夏的每一片土地、每一条河流、每个劳苦大众的心。

在中国共产党成立100周年这样特殊的一年，《初心》无疑是我最好的"开学第一课"。尽管已经掌握许多有关中共一大的历史知识，但在观看《初心》后，我依旧收获不凡。我知道了中共一大成功召开背后的女人——王会悟，一个"温柔卫士"，一个嘉兴桐乡女子，成功办理了中共一大两大事务——会场安排、代表住处，时刻注意着会场外动态以保证会议的顺利进行。作为一名百年之后的新时代女子，我同样向往着成为像王会悟这样一个思想先进、不惧艰难险阻的女先生。

除话剧的内容令人心潮澎湃外，学长学姐真挚的表演同样打动人心。早在入学前，我就对话剧《初心》略有耳闻，得知这是一部登上过《新闻联播》、曾被80多家媒体报道的上乘之作。但身临其境，还是与在荧光屏前观看的感觉大有不同，实景表演让我观察到了各位优秀演员演出的更多细节与微表情，无不在提醒我去想像这些只比我大几岁的哥哥姐姐们为呈现出完美表演所经历的每一个深夜、每一滴汗水、每一滴幸福的泪水。

今年有幸观赏了一部优秀电视剧《觉醒年代》，从中我获取了许多。我了解了像陈延年、陈乔年这样原本不为人知的革命烈士，领略了陈独秀、李大钊等人在探寻强国之道上所克服的艰难险阻，最重要的，它让我真切感受到了中国共产党的伟大。领会党的伟大精神，确实不是观看一部电视剧就能轻松完成的，但一部优秀的文艺作品却让人从心底对这样一个政党产生崇高的敬佩之情，让人感受到建党百年的征程。

如果说《觉醒年代》让我从心底树立起一棵共产主义之树，那么《初心》让我燃起了一个炽热理想——加入中国共产党。《初心》带着一缕清风，不仅加深了我对党史知识的了解，更让我感受到了青年的青春洋溢。《初心》让我再一次坚定了我的初心。我要喊出那一句嘹亮的口号：请党放心，强国有我！

初心是一切美好的本愿

孙中和

何为初心，"初心是一切美好的本愿，守得本愿，方得美好"。共产党人就是在"为中国人民谋幸福，为中华民族谋复兴"的初心和使命下坚定前行的。

《初心》这一话剧让我仿佛见证了中国共产党的诞生和共产党人的坚定信心，他们为了中国的未来走到一起，虽时时有争执，时时有辩论，但这洪亮的声音却如此悦耳，如此动听，如此铿锵有力。默温在《蜂蜜与河流》中说道，"我们是历史的回声"，百年前嘉兴南湖畔的呐喊如雷贯耳，仍然震荡着当今时代的回音壁，聆听这历史的回声，犹如红色的新鲜血液，流淌在每个青年人身上。

看了这部话剧，才知道当时共产党人的处境是多么艰难——共产主义在中国上空飘扬不久，"德先生"和"赛先生"也才初来乍到，对共产主义的排斥、党内部意见的分歧、共产主义组织基础之薄弱，都是摆在共产党人面前的大石头。但留得初心在，磐石可万断。今天的我们，生在春风里，长在红旗下，如此和平的年代是共产党人在革命时期用鲜血铺就的，是共产党人在改革时期用智慧铸就的，是共产党人坚守初心带来的。

即使在那血腥黑暗的年代，竟也有如此甜美的邂逅与厮守。李达与王会悟的爱情犹如一点光，在封建腐朽的黑暗中绽放。这一对神仙眷侣，有着相同的目标与初心，他们携手向黑暗的时代宣战，将目光投向共产党的未来。

即使在那麻木不仁的年代，竟也有如此坚定的信仰与理想。有为了天下而死的感性，也有批驳议案的理性。他们用实践履行"祖国如有难，汝应作前锋"的誓言，不贪生怕死，也不鲁莽冲撞，他们深知中华民族复兴之大任扛在他们肩上，中华民族的未来摆在他们面前。他们之中年龄最小的刘仁静只有19岁，却要承担如此重担，瘦弱的身躯之所以能披荆斩棘全靠那火红的初心！

薪尽火传，不知其尽，我希望能接过共产主义之薪，用崇高的信仰与为人民服务的实践为国家奉献。

如今我身在嘉兴，时时听闻到那跨越百年的呼喊；如今我身在嘉兴，时时感受到那初心的滚烫；如今我身在嘉兴，心系共产党。

纪德曾言，"如果我的灵魂多少有些价值，那是因为它曾比其他一些灵魂更加炽烈地燃烧"。在那个年代，共产主义的燃烧是离不开共产党人那炽热的初心的。"历史历来比文字本身更漂亮。"《初心》里毛泽东在中共一大上这样说道。因此我不再过多阐述。向共产党人致敬，向共产党人的初心致敬！

南湖旁，燃希望，定初心

曾 宇

生逢乱世，或是沉沦，或是觉醒呐喊。我作为生在和平时期的青年，作为嘉兴学院文法学院的一员，看完话剧《初心》后，感触十分深刻。

《初心》作为一部主旋律话剧，以李达和王会悟的相识相知相爱为起点，李达与一帮有着共同理想的共产主义者一同商讨党纲，一起与黑恶势力斗智斗勇，而王会悟也完全相信并支持李达的事业，最后以在南湖游船上成功举行中共一大为结尾。这不禁让我想起了今年夏天大火的电视剧《觉醒年代》。同一个时代，不同的人物故事，带给我同样的震撼。我在《觉醒年代》中体会到陈独秀先生的幽默直率、鲁迅先生的内敛可爱，以及蔡元培先生的包容。《初心》的主人公虽是以上伟人的后辈，却也有着那一代人的敢为人先、英勇无畏的精神风貌。

整部话剧的人物塑造十分生动，演员们或身穿长袍，或西装笔挺，举手投足间都展现出中国人所特有的素雅随和。这部话剧所展现的当时知识分子的形象深入人心，李达的果敢无畏，王会悟的细心勇敢，邓中夏的直率洒脱……正是这一位位可敬可爱的前辈，才成就了今日的中国！

当一句句"我不怕流血，我不怕牺牲！"从演员口中说出时，我仿佛看到了一位位前辈，那曾经出现在历史课本上的人物变得鲜活起来，他们不仅仅是时代的标杆，也是有血有肉的人。可他们越是鲜活，却让知晓他们结局的我们更加心酸，时至今日谈及他们时，我们能用的词不过是伟大、无私、勇敢，我们根本无法感同身受他们所经历的苦，只能默默钦佩他们在黑暗中前行的勇气，对真理信念的坚持。

剧中最让我动容的一幕是中国共产党正式成立后南湖游船上大家以茶代酒，喊出"共产主义，人类解放者万岁！共产党万岁！共产国际万岁！"因为是秘密行动，所以大家压低声音，言语中却透露出难以抑制的激动。敬彼此，敬明天，敬敌人，敬大家！此时船内的他们，在船头为他们观察情况的王会悟女士，以及说出"有些事，总得有人做"的驾船的船夫，他们最伟大之处就是站在当时的角度，他们并不知道他们选择的路虽然最终是光辉的未来，但在当时不过是一条流血流泪最为艰难却难以看见光明的路。可是他们还是选择了这条路，他们还是坚持了下去，哪怕付出生命也在所不惜。

中国是一个有着悠久历史的国度，中华民族是一个有着深厚文化积淀的民族。先辈们用一颗赤诚之心，为承载着光明火种的南湖红船推波助澜，我们生活在南湖边，也必定会用我们的行动，将这火种点得更亮，将这初心传得更远！

一如既往的初心

王哲彬

振聋发聩之青年胆识之声，可谓今夜这雄浑一幕激动我心的隆隆之声了。台上演员的生动演绎，自是不必多言，倒是我与诸君，竟也生出一股历史的沧桑感了。

一颦一笑，把民国初开鸿蒙的曙光照进了现今，恍惚中若隐若现那男女青年，举着"新未来"在街上呐喊宣扬。嘴角边似渗出一些笑意，不过，这笑意总是不得迸发。细细忖度，原是那乌泱泱的黑云仍飘在中华大地上空，急欲摧之。学子们点燃的薪火，在暴风雨中要消竭最后的力量了。心里不免暗自叹息，朦胧中，刘和珍等君的鲜血正在汩汩流淌。

一嗔一怒，先前的阴冷寒气统统散去。惊醒之余，只见几个人正在狭小的会堂里高声辩论，气势磅礴。那乌云仍欲侵扰，不过此时我舒然一笑，因为心里早已明了。那飘摇的薪火正被一群青年人接过，继而要星火燎原。画面一转，众人又游弋于南湖之上，口中痛斥这军阀帝国，宣读着那伟大纲领，描摹出那样一个美妙、令人神往的世界。

双拳紧握，面色坚毅，声调激昂，他们屹立于舞台上，亦如百年前那几个青年，异口同声地喊出中国共产党的诞生。黑暗里，猛兽蛰伏，但总要有人站出来，蔑视那飞禽走兽。历史刮过一阵风，许多事物灰飞烟灭，但他们矗立于此，不言，不笑，不动，像铁铸得一般。

泪涌了出来，是热泪，是血泪。百年征程，一个又一个青年站立，倒下，一批又一批青年冲上前去。终于，今天我们在座的诸君站立于此，有一天我们终将倒下，但那将是睥睨一切，光荣无憾地倒下。青年毛泽东的目光落在了安逸的南湖上，心中早已知晓前方道路的坎坷。

灯光乍起，舞台谢幕，不见故人，却见新人。身在这起航之地，心灵已整帆待发。我们身下可以有安实的座椅，桌上可以有待享的佳肴，但胸中一定要有一如既往的初心。前辈已为我们走过了太多的路，新青年也应继其薪火，走向远方的未来，行应行之路，打应打之仗，到那时，自有公义的冠冕为我等留存。

泪水滑过脸颊，似有人轻抚脸庞。

百年相逢，初心不改

侯以卿

大幕拉开，风雨声声，岁月似飞过横亘着的百年距离，缩短至这一瞬。1921与2021就此相逢，我有幸与先烈相遇。

话剧台上，李达与王会悟命运般的遇见是由一颗寻找中国之明日的热血之心所指引。这不禁使我感叹，我与嘉兴学院的命运也在冥冥中被一份担当民族复兴大任的使命感牵连。这一刻，我的心神真切地投入进舞台上的光影变幻之中，与时代同频共振，看南湖上的波诡云谲。

在充满苦难的年代里，唯有信仰才可看破乌云，唯有信仰才能指引前方。我脑海中仍能响起李达与王会悟这批先进分子对中国局势的评价："天朝上国的历史是盲目自大的，现今的民国时期是懦弱畏缩的，唯有变局方可救国！"我知道话语是发人深省的，话语也是无可奈何的。可当我看到南湖上的红船驶来时，当我看到青年毛泽东站起来时，当我听到那铿锵的、热血的、希冀的纲领宣言时，我仿佛看到了一束光破开了笼罩在中国大地上的乌云。这束光将引领无数前仆后继的共产主义者们去战斗，这束光不仅照亮了百年前在中国大地上的人们，更照亮了百年后在话剧舞台下的我！

台上的革命先辈何其有幸，在1921年找到了属于他们自己的"光"，台下的我怎能不深受鼓舞？2021年，与嘉兴学院相逢正当时，我不由暗暗立志——在嘉兴学院这4年里我也要寻到属于自己的"光"，寻找到大学的目标和人生的意义，为之拼搏，为之奋斗！

"满腔的热血已经沸腾，要为真理而斗争！"

这是在话剧尾声《国际歌》中的台词。台上的学长唱得高昂嘹亮，唱得激情澎湃，声声入耳，振聋发聩。1921年的先辈们用真理引领了一代中国人风雨兼程，砥砺前行，他们的终点是共产党的成立，是新中国的诞生。而今的我们，生活富足、家国安康，这是先辈的血汗，更是真理的力量！

大幕逐渐落下，灯光逐渐熄灭，我心依旧澎湃。回想起整场话剧，才发现比起崇高的信仰、伟大的真理，那从未动摇的初心更显可贵。1921年，李达与王会悟刚刚新婚，毛泽东还不足而立之年，刘仁静、邓恩铭等人更是如场下你我一般的学生，他们过于稚嫩却足够热忱，他们过于理想却足够勇敢。无数这样的先辈，为了理想、为了中国、为了不负初心，义无反顾地在南湖中的一艘风雨飘摇的小船上相聚，用他们单薄的臂膀撑起了半个世纪的中华民族之"光"。

如果要给这份初心渲染上颜色，我想那一定是跟国旗一般的红色，是先辈们血液凝聚的红色；如果要给这份初心配上声音，我想那一定是如《国际歌》般嘹亮入耳的战曲，每一句都饱含期盼与不屈的"起来"；如果要给这份初心加上时间，1921年响起的第一声至今还在神州大地各处传颂，未来必定传唱更远。我们看不见未来，但我相信，这份初心将永不磨灭，代代相传。

在话剧中，我看到了一个伟大的政党破土而出；在话剧外，我领悟到革命精神的传承，意识到肩负着中华民族伟大复兴的重任。身为一名大学生，我不禁扪心自问：我究竟能做些什么？话剧中的王会悟无疑是我的榜样，她既是敢于冲破樊笼的新时代女性，也是无畏的革命火种的守护者。散场后，我走在茫茫夜色中，精神与她相呼应，仿佛明白了自身的意义。我可以从自身做起，从当下做起，在行动上服务他人，在信念上忠于党和国家。成立新中国，是先辈们的夙愿和使命；发展新中国，我们义不容辞！

青春不是用来挥霍的，青春是用来奋斗的。漫漫时光长河，建党百年相遇，我们初心不改，奋斗无悔！

筚路蓝缕创伟业，初心不忘再起航

李蓓佳

百年征程波澜壮阔，百年初心历久弥坚。为还原那段峥嵘岁月，让嘉兴学院新生铭记红船历史，启迪未来，《初心》话剧社的学长学姐们自编自导自演了话剧《初心》，再现红船精神的时代魅力。

当看到学长学姐们声情并茂地演出时，我想起了百年前，肇秋七月，山花落红，有那样一群青年，他们深受马克思主义的熏陶，乘坐时代的木船，高擎镰刀锤头，中流击水，浪遏飞舟。小小红船，承载着党重重的理想；小小红船，给苦难的中国带来新的火种；小小红船，见证了中国历史上开天辟地的大事。石可破也，而不可夺坚；丹可磨也，而不可夺赤。谨以三杯酒，敬那些青年。一杯敬漫漫长路上让此道不孤的挚友，一杯敬身陷囹圄仍以热血祭明天的魂灵，一杯敬黎明之下含泪展望国土的双眸。

清代学者史襄哉曾说，"镜明则尘埃不染，智明则邪恶不生"。桐花万里映红史，热浪翻滚续风华。从闪烁着星星之火的红船精神到艰苦卓绝的井冈山精神；从历经千难万险的长征精神到艰苦奋斗的延安精神；从独立自主的"两弹一星"精神到万众一心的抗震救灾精神，红色文化早已成为中华民族复兴的精神坐标，铸就信仰之基、思想之舵，激励一代代共产党员砥砺奋进。为什么刘胡兰、董存瑞等革命先烈不顾安危，抛头颅、洒热血，以血肉之躯筑起新的长城；为什么巴苏华、白求恩等一些外国友人不辞艰辛、不远万里前来帮助中国的革命事业；为什么黄文秀、张桂梅等党员干部披星戴月、日复一日地为人民服务操劳？因为凡心所向，素履以往，生如逆旅，一苇以航。

旧游无处不堪寻，无寻处，唯有少年心。君可见北大女生宋玺身披戎装奔赴前线，成功参与解救19名叙利亚籍船员，创造了属于她自己，更属于中国的荣耀；君可见哈佛毕业生曹原专心研究，一心为国，染指流年，不负韶华；君可见大学生村官秦玥飞抛弃殿堂选择垄田，以"黑土麦田"润泽万家。作为新时代的青年，我们受红色文化指引，乘坐时代的巨轮，理应在这生逢其时的年代里，不忘初心，发展和壮大红色文化。以理想为帆，不惧远航；以奋斗为桨，不畏风浪；以创新为刃，划破茧壳，力争成为时代的弄潮儿。

任重道远，栉风沐雨；前途浩浩，砥砺前行。我坚信，吾辈之青春定不会惶惶而逝、匆匆而过，吾辈也必将让青春散发出最绚丽的光芒，为实现"两个一百年"奋斗目标而埋头苦干！

"卅载光阴弹指过，未应磨染是初心。"石在，火种是不会绝的；初心在，红船便会前行不止，驶向更加光明的远方！

回首百年，赓续辉煌

宋浙龄

9月12日，我校组织观看话剧《初心》。该五幕话剧以中共一大代表李达爱人王会悟的经历为主线，重现了1921年中共一大会议期间，13位会议参加者创立中国共产党的光辉历程。

话剧以王会悟和李达的见面拉开序幕，展现了新时代女性对先进思想的渴求。一拍即合的默契，精神上的共鸣，灵魂上的牵引，促使他们结为伉俪，成为革命伙伴。这位伟大的女性，本着严肃认真的工作态度和高昂的革命热情，为会议筹备做出了巨大贡献。

画面一转，来到李公馆。馆内代表们正激烈争论着是先做好理论宣传工作还是先发动革命。革命派认为，只有革命才能改变社会现状，而保守派则认为要积攒共产力量，革命会击垮本就不完善的共产团队。一个个声音振聋发聩，一个个思想剧烈碰撞。汇聚在一起，就是一个口号——我们不怕牺牲。郁达夫曾言，"没有伟大的人物出现的民族，是世界上最可怜的生物之群"。何其有幸，我们的先辈坚毅勇敢，智慧通变，以血肉之躯点亮了中华民族前进的灯塔。

中共一大第六次会议是深夜里在李汉俊住处召开的，会议刚开始就有一个侦探闯进屋内。为了继续开会，最后一天会议地址转到了嘉兴南湖。烟雨南湖，一叶红船上，13个怀揣信仰的共产党人共商鸿鹄之志，共谋党之未来。通过了《中国共产党纲领》，选举了中国共产党全国领导人并产生了全国领导机构，宣告了中国共产党的诞生。

"有些事，总得有人做。"正如话剧中船夫所言，我们的事业需要英雄。从满目疮痍到欣欣向荣，从积贫积弱到繁荣昌盛，那些抛头颅、洒热血的革命先烈在黑暗中前行，在黑暗中点灯。他们或许也曾彷徨，也曾在无数个夜晚思考抉择，左右摇摆。没有人无所畏惧，他们只是选择勇敢向前；没有人无所牵挂，他们只是选择先国后家。

晨风瑟瑟，松柏高挺。两甲子时光中孕育而生的希望和担当，正引领华夏步步向前。英雄先辈走过血汗路，吾辈青年迎来新辉煌。如今，江山留胜迹，吾辈复登临。南湖上，苍山滚滚，初升的朝阳掀起惊涛骇浪；赤旗泱泱，热烈的身骨担起国之希望。

作为党的诞生地的大学，我校将开天辟地、敢为人先、追求理想的初心，将坚定不移、百折不挠、追逐光明的信仰，融入青年的信仰教育，融入高校校园的育人文化，为了传承发扬"红船精神"的时代魅力而不断奋斗。

一百年披荆斩棘，一百年风雨兼程。风雨如晦，鸡鸣不已。我们的事业，党的事业将永垂不朽，永不陨落。与天地共存，与日月同辉！

历史做证，生命做证！

南湖夜空的星星

斯朗拥宗

何其有幸，生于华夏；何其有幸，求学至此；何其有幸，目睹此景。话剧早已谢幕，但观众席上的掌声却经久不息。这场话剧触碰到了莘莘学子那颗颗爱国的心，使我不禁泪目……

回想情节最触动人心的一幕，在一个风雨交加、电闪雷鸣的晚上，李达满腔热血，攥紧拳头高声呐喊："中国人不能再等了，必须要有人做召唤黎明的雄鸡，做迎接风暴的海燕，做披荆斩棘的拓荒者。"之后，他便带领着怀揣爱国之心、愿将青春奉献给中华的有志青年做了黎明的雄鸡、迎接风暴的海燕和披荆斩棘的拓荒者，让我深深感受到爱国不是潮流，它是镌刻在骨子里的责任，不禁想起艾青那句"为什么我的眼里常含泪水，因为我对这片土地爱得深沉"。

巾帼不让须眉，中共一大会务人员王会悟更让我敬佩不已。1921年，中共一大召开，她负责安排会场和代表住处。一大召开期间，她担任安全保卫工作。印象最深刻的就是在南湖会议期间，她包揽了会议代表的警卫工作。为了确保会议安全进行，她扮成俏丽窈窕的歌女，坐在船头眼观六路耳听八方。这位伟大的女共产党员就像那红船后面的小船，虽不起眼却让代表们顺利登上了红船，并通过这条小船的来往接送，协助代表们圆满完成了会议的各项任务。在我心里她是伟大且英勇的，是值得我敬佩的功臣，更是女中豪杰。

我生在红旗下，沐浴着党的雨露，乘着改革开放的春风，走进知识的海洋。从一名无知的孩童到懵懂羞涩的青年，从一名少先队员到共青团员，共产党、共产主义始终是我的信仰，更是激励着我的一股力量。初入大学，这场话剧更是一种催化剂，激励着我成为一名共产党员，并且决心做一名优秀的党员。周恩来自幼立誓"为中华之崛起而读书"，毛泽东于风华正茂之时发愤图强，谱写壮丽的少年时代。先辈们用青春和热血，创造了美好现在，让我理解到当今生活的来之不易。

话剧结束，同学们陆陆续续走出剧场。天色已经昏暗，思绪沉浸在晚风中略微有些伤感。仰望星空，群星闪烁，心想那南湖夜景的星星定是革命先烈的化身，心中便呢喃道："先生，您看，山河换了新颜，曾经的小南湖如今繁华如斯，山河无恙。这盛世，正如您所愿。"

最后我想说，在中国共产党建党100周年的风雨历程中，正是有了像他们那样的"划船人"才有了今天的新中国。我很庆幸，在这座红船精神飘逸的城市开启我4年的大学之旅，更庆幸能亲眼看见学长学姐的精彩表演。

有一分热，发一分光

娄志强

仲秋的雨总是带着几分夏季的猛烈，来时张扬狂妄，去时悄无声息，从屋檐不慎滑落的水滴一颗一颗敲击着青石板。水顺着玻璃流淌，当年的青年是否就是在这样的大雨中，为人民的幸福、国家的未来而奔走呢？我望着雨这样想着，思绪渐渐飘回了几天前的小剧场内。

1921年，上海法租界望志路106号，一位当时的"90后"匆匆赶来，和另外12位"70后""80后""90后"秘密相聚，最后于嘉兴南湖的红船上成立了中国共产党。

看着台上的学长学姐充满希望的笑容，看向远方。恍惚中，我仿佛在那片暖黄色的荧光里看到了百年前的一幕。在国家于苦难中挣扎的时候，一支不可思议的先锋队使山河变色，日月换颜。而这支先锋队遭受了多少的绝境和苦难啊。革命先驱李大钊在斗争形势日渐严峻的时候，家人朋友多次规劝他早日逃离，避免遭受迫害，他不为所动，坚持斗争，最后被捕，英勇就义。

面对国家民族大义时，他们果断舍生取义，杀身成仁！斗争到了最紧要的关头，流血牺牲在所难免。若无坚定的信念，一有风吹草动，人人都弃国家于不顾，望风而逃，那所有的付出和努力有何意义？所以流血牺牲从我而起，却并不以我而终。

时间的长河奔腾不息，中国的脚步奋勇向前，今日的中国是李大钊奋力疾呼的"青春中国"，是方志敏心神所向的"可爱中国"，是赵一曼满怀憧憬的"旌旗红似花的中国"。

百年间，中国青年赤诚不改，步履不停。山高路远，风光无限。100年，不过弹指一挥间，也是创造奇迹的时间。

如今，人们深知红色政权的来之不易，中国特色社会主义来之不易。"弄潮儿向涛头立，青年人于天地强。"100年，没有人永远年轻，但永远有人正值年轻。当代青年人，正因不忘初心，所以矢志不渝；正因不忘本来，所以志向高远。

"船到中游浪更急，人到半路山更陡。"走下去，新一代青年怀揣着从星星之火时就燃起的信念，怀揣着在枪林弹雨中未曾放弃的信念，怀揣着在社会主义建设中积累的信念，怀揣着在改革开放中越发坚定的信念，在新时代奔向伟大的新征程中，走下去，走向下一个百年！

让我用鲁迅先生的话作为结尾："愿中国青年摆脱冷气，只是向上走，不必听自暴自弃者的话。能做事的做事，能发声的发声。有一分热，发一分光。就令萤火一般，也可以在黑暗里发一点光，不必等候炬火。"

接过传承红船精神的接力棒

陈家旭

嘉兴学院的开学典礼给我带来的最深刻印象就是红色,在建党100周年这样一个特殊的年份,身处红船起航地的嘉兴学院义不容辞地接过了传递红船精神的接力棒。话剧《初心》的演出就是学校为党庆祝诞辰以及传承红船精神的最好方式,而作为学生的我们,就是未来红色精神传递的主力军,因此在文法学院开学典礼上,一直有一个保留节目——《初心》。

对于在暑假已经观看过《1921》《觉醒年代》等多部影视作品的我来说,中共成立的那段历史已经再熟悉不过了,但此次观看《初心》又让我对那段历史有了新的认识。

首先,我赞叹于那代青年人对国家的热爱和对时势的了解。剧中有一幕,当4位北大学子初到博文女校时,他们之间互相熟悉的过程竟不是通过寒暄家常,而是通过对国家和革命局势的分析。他们对其他国家的文化与政治的了解,可以说是那个时代"睁眼看世界"的领军人物,这样的格局是我们现在需要学习的。因此,红船精神也是一种青年精神,它教导我们要将格局放大,眼界放开,不能陷在精致的自我主义中;要将国家的命运、世界的命运与自己相连,努力为国家的独立富强贡献自己的一份力量。

其次,我赞叹于那代青年人为革命抛头颅、洒热血的激情,但这激情并不是盲目的。剧中有句话:"我不是怕死,怕的是我的死亡不能带来任何改变。如果我的鲜血能够换来祖国安宁与强大，那我甘愿冲在最前头。"这段话中既有血气方刚的激情，又有着一种深思熟虑的老成。因此，红船精神绝不是为了革命白白牺牲，而是要将牺牲背后所带来的改变与影响最大化。我们不能做空有一身力气而没有头脑的莽夫，而要做热血与思考兼具的革命者。我还赞叹于那代青年人对多元化思想的包容心态。在那个百家争鸣的时代，他们不盲目信任任何一种说法，而对每一种说法都"取其精华、去其糟粕"地吸收，力争得到一个最适合中国国情的方案。在此过程中，即便想法有差异也不伤害友谊。剧中，从李汉俊与刘仁静一开始的争论到红船上刘仁静投票的反转，让我看到了革命者之间的深厚情谊以及包容心态。争论归争论，有志之士之间更多的是英雄惜英雄的敬重。这也是红船精神的重要组成部分。

最后，剧中有一句话让我感触良多。"受之于心，不如授之于行。"这句话确实被古今许多人奉为圭臬，但在本剧中，我对这句话又有了新的理解。授之于行要建立在同一颗心上，心不齐，行动所达的目标也不会一致。因此，齐心才能协力。大革命时期，正是因为人心不齐才导致了国共第一次合作的失败；而在抗日战争中，因为全体中国人共同的信念最终使得国共第二次合作取得成功。因此国家要想和平富强，就要所有国人齐心在一个方向上，14亿同胞的力量是不可阻挡的。

在中国共产党成立100周年的日子里，作为嘉兴学院的学子，作为中国的青年人，要担负起传承红船精神的重任，树立强烈的社会责任感，要将深刻的思考与革命的热血相结合，做一个有大格局、大眼界、充满爱国热情的青年。

以信仰之光照亮奋斗之路

江嘉雯

每一次聆听历史总能获得前行的动力。今年正是中国共产党建党100周年，百年征程波澜壮阔，百年初心历久弥坚。

在话剧《初心》中，我们追寻革命原点，缅怀前辈楷模，回顾奋斗历程。在那个战火纷飞的时代，那些令人心潮澎湃的信仰故事，那些光芒闪耀的信仰足迹，化为了我们继续前行的精神之源。那个时代的信仰，是每个共产党人汲取力量的强大基石，我从这样的信仰中得到进化。我曾难以理解，为什么百年来如此多人被吸引到马克思主义的旗帜之下？为什么如此多人不求显达于世，不求暂得于己，却为了理想与信念不惜抛头颅、洒热血？从《初心》一幕幕的情景中，我似乎窥得了一丝奥妙——是因为信仰。那个时代，革命者的信仰真诚而坚定，热烈而纯粹。"岂曰无碑，山河为碑；何用留名，人心即名"。

我从这样的信仰中汲取到了力量，这才理解为什么百年来如此多人风从影随，紧紧团结在党的周围，休戚与共，生死相随，共同书写中国奇迹。在这样的信仰下，一代青年人摆脱冷气，只是向上走，不听自暴自弃者之流的话，不理会冷笑和暗箭。他们能做事的做事，能发声的发声；他们有一分热，发一分光，不再等待炬火——因为如若没有炬火，他们便来做唯一的光。这是精神的巨大感召力，让人看到更广阔的天地、更高远的世界，绘就了一个国家、一个民族、一个时代的精神图谱。

100年前，中国共产党人追寻着马克思主义，在民主与科学的旗帜下立志，在混沌的社会里开天辟地，使中国革命从此焕然一新。100年后，中国共产党人保持着不变初心，在为人民服务的原则下，决心让人民过上更幸福的生活，推动中国社会日新月异。

党的100年是矢志践行初心使命的100年，是筚路蓝缕、奠基立业的100年，是创造辉煌、开辟未来的100年。在百年的接续奋斗中，党团结带领人民开辟了伟大道路，建立了伟大功业，铸就了伟大精神，积累了宝贵经验，创造了中华民族发展史，这是人类社会进步史上令人刮目相看的奇迹。回望过往的奋斗路，眺望前方的奋进者，我们必须把党的历史学习好、总结好，把党的成功经验传承好、发扬好。

以梦为马，不负韶华。胸怀千秋伟业，百年恰风华正茂。当诗和远方在对的年纪遇见理想，站在新的起点上，中国共产党人早已悄然根植在各行各业，不为私心所扰，不为名利所累，不为物欲所动，勇于奉献、敢为人先，以更加朝气蓬勃的精神风貌和一往无前的昂扬姿态，永葆初心与热爱，奔赴下一场山海。

以信仰之光照亮奋斗之路，百年大党温故知新再出发。我愿以浩然正气向历史致敬，担起时代之责，如《初心》中那些在历史上留下痕迹的先辈一般，在时代的沃土上奋力续写中华民族自强不息的壮丽篇章。

初心同在

——献给红船旁最美逆行者

郁添伦

万水千山心系你我，
嘉里嘉外共护健康。
面对风雨勇敢逆行，
新冠面前奋勇当先。
红船驶汉江，携手共克艰，
大爱无疆只为了那一份承诺，
同舟共济是为了共同的家园。

坚守你的坚守，奉献你的奉献。
逆风飞翔的沐风蝶，
不论身在何位，初心同在，
使命同在，信念同在，
不畏新冠肆虐，我们共渡难关。

巨龙飞腾

王嘉宜　陈　燕

浓烈的乌云翻滚在华夏大地残损的脊梁上
古老的中国正在经受着钢炮肆无忌惮的凌辱
沉睡的巨龙啊
你何时才能苏醒？
你何时才能苏醒？

暗淡的夜明珠掉落在历史长河的波涛中
万人之上的宝座不过是封建王朝的旧梦
劳动者的肌肉上跳动的是愤怒的血液
战士踏着草鞋挺过布满倒刺的锁链
刺目的血液在青灰色的山谷里蜿蜒
剪不开黑云遮日的天罗
冲不破荆棘缠绕的地网
前路曲曲折折尽是迷茫
何时才能迎来希望与曙光
沉默的巨龙啊
你何时才能咆哮？
你何时才能咆哮？

微波荡漾的南湖水滋养了一艘时代的巨轮

惊雷划过乌压压的天际

红旗是黎明亮光的指引

井冈山的星火燃遍大地

革命，去革命

扛着锄头的农民啊

握着扳手的工人啊

革命，去革命

粗糙的木棒就是武器

生锈的柴刀就是武器

坚实的胸膛就是武器

穿过枪林和弹雨

爬过雪山与草地

鲜血染红了件件征衣

伫立在巍峨的峭壁上的

是红色的麦穗

奔腾在汹涌的浪潮旁的

是疾劲的长帆

高举在人民手中的

是革命者滚烫的头颅

中华人民共和国成立了

中华人民共和国成立了

南湖畔的红船

引领人民迈向社会主义新阶段

铺路的雨花石、机器车间的螺丝钉、兰考的风沙

岁月尘封世事，精神得以永存

是他们不忘初心、牢记使命

团结在一起

用智慧和双手去成就中国梦想

当陷入粮食恐慌

是袁隆平怀着消除饥饿的梦想

在朴实的泥土中孕育喂养亿万人的奇迹

当祖国渴求人才

是黄大年只身回国

潜心钻研，突破西方技术垄断

当祖国急需利器

是徐立平操刀于火箭之上

完成探索未知的航天梦想

当新冠病毒感染突袭荆楚大地

是千万医疗战士毫无怨言坚决奔赴一线

赴汤蹈火，悬壶济世，拯救黎民

看啊！

大街小巷陈列的皆是中国制造

中小企业雨后春笋般蓬勃涌现

风驰电掣的5G将风云变幻尽收视线

动车组和谐号宛若蛟龙穿梭在山河之间

一代又一代人对中国梦不懈追求

才有了今日祖国欣欣向荣的盛况

如今，那巨龙
终于
睁开了光华闪耀的眼眸
遨游于长空

当贫困席卷四川省大凉山悬崖村
是它，在陡峭的悬崖与山际间
铺起了一条条梦想的路
用双肩支撑起孩子们对学习的渴望
当埃塞俄比亚的战乱逼近中国同胞
是它，特地派出多架专机
跨越四千公里降临险地
在硝烟弥漫中接恐惧的人们回家
你听见了吗？
爆破百年压抑的一声怒吼
你看见了吗？
雄起在古老亚洲上的巨擘
它是中国！
它是党领导的中国！

附录

附录一 《初心》大事记

2017年

2月，成立初心工作室，开始筹备话剧《初心》，召开多次筹备会。

6月，话剧《初心》1.0剧本完成并交稿，召开多次座谈会。

10月，浙江省委教育工作委员会何杏仁书记专程观看话剧《初心》排演。

12月9日，话剧《初心》在嘉兴学院小剧场成功首演，1200名嘉院师生观看演出。

12月11日，话剧《初心》的报道首次登上《光明日报》。

12月17日，话剧《初心》首次至浙江省杭州市下沙高教园区巡演，17所高校学生观看演出。

12月23日，国家教育部领导观看话剧《初心》。

2018年

1月14日，话剧《初心》的报道登上中央广播电视总台《新闻联播》。

4月1日，话剧《初心》提升至2.0版本，开启2018年第一场展演，时任共青团浙江省委常委、宣传部部长王辉球，浙江省话剧团专家一行及嘉兴职业技术学院师生观看演出。

5月26日，话剧《初心》提升至3.0版本，参加浙江省第二届大学生戏剧周活动，总导演王金超获"最佳导演奖"，主演安飞扬获"戏剧之星"奖。

6月15日，话剧《初心》第一次登上专业大舞台，面向社会公众演出。

7月，初心团队前往桐乡参观王会悟女士故居，与王会悟后人座谈。

8月31日，话剧《初心》版本授权，《初心》平湖职中版顺利演出。

11月29日，话剧《初心》教工版首次演出。

12月13日，话剧《初心》首次走进嘉兴市秀洲区实验小学，为学生们上爱国主义教育课。

2019年

1月6日，跨省第一场展演，《初心》湖南省汨罗市第三中学版顺利演出。

5月9日，2019年第一场展演，《初心》在杭州市余杭区五常中学演出。

6月14日，总导演王金超作为全国唯一大学生代表参加第五届全国"互联网+"大学生创新创业大赛红旅赛道开幕式，并与教育部、省、市领导共唱《我和我的祖国》。

7月11日，项目《"初心"公益——演绎红色故事，弘扬红船精神》获第五届浙江省"互联网+"大学生创新创业大赛银奖。

7月25日，话剧《初心》第一次进入全国高校思政理论课教师"红船精神"暑期研修班。

9月4日，话剧《初心》提升至4.0版本，成为嘉兴学院党员教育必修课。

9月10日，《初心》MV版登上专业大剧院。

9月25日，话剧《初心》参加浙江省红色故事会大赛，获三等奖。

11月1日，项目《走在田间的红色话剧》获"农信杯"第二届浙江省大学生乡村振兴创意大赛金奖。

11月14日，话剧《初心》第40场全国展演，在上海政法学院演出。

12月9日，"初心"系列话剧作品《赤色雪婴》首演。

2020年

2月19日，初心团队用文艺作品凝聚战"疫"正能量，团队成员做志愿者并捐款。

7月1日，《初心》同名歌曲《初心》MV正式上线。

7月17日，央媒关注！新华社跟拍《初心》话剧团队。

8月24日，项目《初心工作室——"沉浸式"情景剧使思政教育更鲜活》获第六届浙江省"互联网+"大学生创新创业大赛金奖。

10月12日，话剧《初心》提升至5.0版并顺利演出。

2021年

1月19日，主演安飞扬（饰毛泽东）文章《学初心 演〈初心〉践初心》发表在《光明日报》上。

2月20日，新华社《初心如磐向未来——写在党史学习教育启动之际》报道话剧《初心》。

3月25日，《初心》片段《上海会议》《南湖会议》在上海中共一大会址纪念馆、嘉兴南湖实景演绎并在新华网直播。

4月2日，话剧《初心》再次登上中央广播电视总台《新闻联播》。

4月12日，话剧《初心》登上中央广播电视总台《焦点访谈》。

4月20日，话剧《初心》登录浙江省教育厅和中国青年报社主办的《红船边的思政课》。

5月20日，国家教育行政学院副院长于京天与教育部处级干部培训班学员观看演出。

5月29日,话剧《初心》进百校。

6月1日,展演3场党史教育专场,累计观看人数达4800人次。

6月11日,话剧《初心》参加全国红色故事会并获得二等奖。

6月17日,初心团队与王会悟、李达孙女——李典女士座谈。

6月18日,初心团队受浙江卫视邀请参加《梦开始的地方》并在嘉兴火车站实景演绎。

6月19日,话剧《初心》登上中央广播电视总台《老兵你好》节目。

9月30日,话剧《初心》参加学习强国录制并于12月上线播出。

11月1日,初心团队开展"《初心》五年"系列活动——新时代"重走一大路"。

12月3日,初心团队指导的小学生版话剧《初心》亮相长三角德育论坛。

12月27日,话剧《初心》片段《南湖会议》受邀录制的系列专题节目《在红船起航的地方》第一集《红船故事》在"学习强国"学习平台上线,点击量接近127万人次。

12月28日,新华社以"学习党史 他们从一出'话剧'开始——红船旁的初心'后浪'宣讲团"为题,对初心"后浪"宣讲团进行第十六次报道。

2022年

3月,项目《传承百年红色基因 汲取"根脉"奋进力量——创演话剧〈初心〉弘扬红船精神的实践探索》获得第十七届"挑战杯"全国大学生课外学术科技作品竞赛一等奖。

6月29日,嘉兴市南湖文旅集团组织举办"南湖艺术党课",嘉兴学院学生表演红色话剧《初心》片段。

10月，教育部办公厅公布第六届全国高校"礼敬中华优秀传统文化"系列活动示范项目和特色展示项目，嘉兴学院团队项目《让有信仰的人讲好信仰的故事——红船旁的初心"后浪"宣讲团》入选示范项目。

11月，项目《初心红传——打造南湖旁"思政第一课堂"》获第八届中国国际"互联网+"大学生创新创业大赛铜奖。

12月，话剧《初心》正式开启6.0版。

附录二 《初心》媒体报道（部分）一览表（2017—2022）

序号	媒体	报道时间	标题
1	《光明日报》	2017.12.11	红船凝魂点亮信仰之炬——嘉兴学院原创红色话剧《初心》上演侧记
2	中国青年网	2017.12.11	原创话剧《初心》嘉兴首演
3	中青在线	2017.12.11	原创话剧《初心》嘉兴首演
4	浙江在线	2017.12.11	嘉兴学院青春版红色话剧《初心》首演
5	人民网	2017.12.12	嘉兴学院首部原创红色话剧《初心》上演
6	《中国教育报》	2017.12.14	嘉兴学院原创话剧《初心》首演
7	中国社会科学网	2017.12.14	嘉兴学院原创话剧《初心》首演
8	浙江广播电视台	2017.12.17	嘉兴学院原创红色话剧《初心》在下沙高教园区巡演
9	嘉兴在线新闻网	2017.12.18	听红船故事　忆红色初心
10	浙江卫视	2017.12.19	原创红色话剧《初心》在杭州高校展演
11	中央广播电视总台	2018.01.14	浙江：盘活思政课程　构建思政大机制
12	嘉兴在线	2018.04.01	大学生话剧《初心》巡演"红船精神"绽放校园
13	浙江在线	2018.04.03	《初心》巡演
14	浙江卫视	2018.05.04	《党建好声音》：思政课有了新上法
15	中国教育在线	2018.05.31	嘉兴学院话剧《初心》亮相浙江省第二届大学生戏剧周
16	新浪浙江	2018.06.01	嘉兴学院话剧《初心》启幕浙江省第二届大学生戏剧周

140

续表

序号	媒体	报道时间	标题
17	中国教育在线	2018.06.06	嘉兴学院话剧《初心》在浙江省第二届大学生戏剧周斩获多项大奖
18	浙江省广播电视局	2018.06.14	主持人驾驭访谈节目的应有素养——访红色话剧《初心》主创人员的"得与失"
19	南湖新闻网	2018.06.15	原创话剧《初心》亮相嘉兴大剧院
20	嘉兴在线新闻网	2018.06.15	庆祝建党97周年话剧《初心》在嘉兴大剧院上演
21	人民网	2018.06.15	原创话剧《初心》亮相嘉兴大剧院
22	浙江在线	2018.06.15	"不忘初心、牢记使命"庆祝建党97周年话剧《初心》专场演出
23	《南湖晚报》	2018.06.16	原创话剧《初心》感动禾城观众
24	桐乡市人民政府官网	2018.07.12	我市举办纪念王会悟诞辰120周年暨话剧《初心》专场演出
25	嘉兴在线新闻网	2018.07.12	桐乡市举办纪念王会悟诞辰120周年暨话剧《初心》专场演出
26	大潮网	2018.07.13	话剧《初心》来海宁演出啦！不忘初心，牢记使命，砥砺前行！
27	嘉兴市人民政府官网	2018.07.25	红色话剧《初心》在"美丽海宁大舞台"倾情上演
28	浙江在线	2018.08.05	万人同看忆初心 嘉兴学院师生原创话剧走进桐乡
29	中国青年网	2018.08.09	嘉兴学院大学生自导自演话剧《初心》，致敬"一大卫士"王会悟
30	《共产党员》	2018.09.05	南湖学子创演"初心"
31	《光明日报》	2019.07.16	嘉兴学院：思政课里传递红船精神
32	中国教育在线	2019.10.14	话剧说"初心" 嘉兴学院组织观看原创红色话剧《初心》
33	新浪浙江	2019.10.14	话剧说"初心"

续表

序号	媒体	报道时间	标题
34	嘉兴市人民政府官网	2019.11.26	嘉兴市科协干部和科技工作者代表观看话剧《初心》
35	《嘉兴日报》	2019.11.29	原创红色话剧《初心》上海政法学院成功展演
36	浙江在线	2020.02.13	以爱为歌 嘉兴学院"初心"团队原创《初心同在》
37	学习强国	2020.02.18	嘉兴学院师生用文艺作品凝聚"战疫"正能量
38	今日头条	2020.07.17	央媒关注！新华社跟拍嘉兴学院《初心》话剧团队
39	《南湖晚报》	2020.07.28	嘉兴创新开设"沉浸式情景思政课"让"红船精神"深入人心
40	新华社	2020.08.05	让有信仰的年轻人讲信仰的故事——浙江青年宣讲团的"后浪潮音"
41	人民网	2020.10.18	王金超：追逐话剧初心梦
42	《光明日报》	2021.01.19	学初心 演《初心》 践初心
43	新华网	2021.01.20	一颗红心照前路——走进"革命红船起航地"
44	新华社	2021.02.20	初心如磐向未来——写在党史学习教育启动之际
45	《中国教育报》	2021.02.23	发扬红色传统 传承红色基因
46	《光明日报》	2021.03.21	南湖畔学党史 红船旁话"初心"
47	中国教育在线	2021.03.22	嘉兴学院《初心》话剧团队聆听宣讲并接受媒体采访
48	新华社	2021.03.24	《红色追寻第四季》第二站：一大"揭秘"
49	新华社	2021.03.25	《红色追寻第四季》第三站：红色摇篮
50	新华网	2021.03.25	中共一大会址转移到嘉兴南湖是谁的主意？
51	新华网	2021.03.25	跟着新华社，来场穿越百年的红船"cosplay"

续表

序号	媒体	报道时间	标题
52	新华社	2021.03.26	嘉兴南湖之上，一群学生再现百年前重要历史时刻！
53	新华社	2021.03.26	100年，我们正年轻
54	嘉兴人民网	2021.04.02	演《初心》践初心！嘉兴学院的大学生们这样学党史
55	中央广播电视总台《新闻联播》	2021.04.02	学习教育走深走实　让革命精神薪火相传
56	中国大学生在线网	2021.04.08	南湖红船旁初心传承，来听嘉兴学院讲述中共一大往事
57	全国高校思想政治工作网	2021.04.08	话剧《初心》：新时代大学生用青春致敬"秀水泱泱"
58	中央广播电视总台《焦点访谈》	2021.04.12	不忘来时路　奋进新征程
59	嘉兴市南湖区新闻网	2021.04.16	《初心》话剧话初心
60	中国青年报客户端	2021.04.20	红船边的思政课
61	《光明日报》	2021.04.28	嘉兴学院：学好党史"必修课"，以"出新"回应初心
62	《嘉兴日报》	2021.05.14	通过党史学习汲取力量　嘉兴军分区官兵观看话剧《初心》
63	新华社	2021.05.16	从石库门到南湖畔　初心百年历久弥坚
64	新华社	2021.05.17	重读红色经典《清明节游嘉兴南湖访烟雨楼》
65	嘉兴在线	2021.05.29	嘉兴学院举办原创话剧《初心》百校巡演公益活动
66	《嘉兴日报》	2021.06.03	话剧《初心》在沙雅上演
67	新华网	2021.06.04	红船驶来话《初心》　红色文化润边疆
68	《阿克苏日报》	2021.06.04	大型爱国主义话剧《初心》走进沙雅
69	《中国妇女报》	2021.06.08	南湖畔红船旁，高校学子演绎《初心》

续表

序号	媒体	报道时间	标题
70	中国教育新闻网	2021.06.17	南湖红船映初心
71	中国蓝新闻客户端	2021.06.18	青年学子演绎情景剧《第一代共产党人来了》
72	《中国教育报》	2021.06.19	演好剧中人　学好剧中魂
73	中央广播电视总台《老兵你好》	2021.06.19	庆祝建党100周年特别节目"红旗漫卷百年风华"
74	禾点点	2021.07.01	我是嘉兴人，永远跟党走！
75	《浙江日报》	2021.07.08	以年轻人的方式走近年轻人 浙江"00后"理论宣讲团崭露头角
76	浙江卫视《浙江新闻联播》	2021.07.09	嘉兴学院"00后"学生通过排演《初心》话剧宣传党史，讲述红船故事
77	新华社	2021.07.23	走进《初心》：我与"一大卫士"结缘的故事
78	央视频	2021.07.31	嘉兴学院文艺节目《初心》
79	人民网	2021.08.09	嘉兴南湖的红船是谁租来的？
80	学习强国	2021.12.27	《在红船起航的地方》第一集：红船故事
81	新华社	2021.12.28	学习党史 他们从一出"话剧"开始——红船旁的初心"后浪"宣讲团
82	《嘉兴日报》	2022.01.17	百场《初心》话百年
83	《中国青年报》	2022.05.06	嘉兴学院培育《初心》红色文化金名片
84	嘉兴在线	2022.10.16	红船起航地党员干部群众收看二十大开幕会盛况
85	中国教育在线	2022.10.30	浙江省唯一！嘉兴学院项目入选第六届全国高校"礼敬中华优秀传统文化"系列活动示范项目
86	《浙江教育报》	2022.11.25	嘉兴学院：《初心》点亮信仰

附录三 《初心》重要荣誉（2017—2022）

序号	获奖时间	荣誉详情
1	2017年	话剧《初心》入选嘉兴市文化精品工程重点扶持项目
2	2016—2018年	初心团队获浙江省"三育人"先进集体荣誉称号
3	2018年	嘉兴学院获第二届大学生戏剧周高校参与奖
4		安飞扬（饰毛泽东）获浙江省第二届大学生戏剧周"戏剧之星"
5		总导演王金超获浙江省第二届大学生戏剧周"最佳导演奖"
6	2019年	团队项目《走在田间的红色话剧》获"农信杯"第二届浙江省大学生乡村振兴创意大赛金奖
7		团队项目《"初心"公益——演绎红色话剧，弘扬红船精神》获第五届浙江省"互联网+"大学生创新创业大赛银奖
8		竺雨露（饰王会悟）获第十一届浙江省大学生职业规划大赛职业规划类本研组一等奖
9		《初心》节目获浙江省红色故事会大赛三等奖
10		初心暑期社会实践团队获2019年浙江省大中小学暑期社会实践风采大赛"百强团队"
11		杨鹏（饰刘仁静）、陆宏亮（饰刘仁静）获第十六届"挑战杯"全国大学生课外学术科技作品竞赛一等奖
12		高徐阳（饰王会悟）、孔玉叶（饰王会悟）、张天豪（饰董必武）获浙江省第七届大学生中华经典诵读竞赛一等奖
13	2020年	团队项目《初心工作室——"沉浸式"情景剧使思政教育更鲜活》获第六届浙江省"互联网+"大学生创新创业大赛金奖
14		总导演王金超、成员孔玉叶（饰王会悟）获2020年嘉兴市微党课大赛优胜奖

续表

序号	获奖时间	荣誉详情
15	2021年	团队项目《初心红传——新时期思政教育第一课堂》获第七届浙江省"互联网+"大学生创新创业大赛银奖
16		团队项目《以话剧〈初心〉的创编演弘扬红船精神》获第十七届浙江省"挑战杯"大学生课外学术科技作品竞赛二等奖
17		《初心》片段之《开天辟地》获"追寻——庆祝中国共产党成立100周年红色故事会全国大赛"二等奖
18		话剧《初心》入选浙江省庆祝中国共产党成立100周年百场优秀舞台艺术作品展演
19		话剧《初心》入选教育部高校庆祝中国共产党成立100周年原创精品推广行动
20		贾梦佳（饰王会悟）在"我比任何时候更懂你"全网短视频主题活动中获评"十佳青青讲述人"
21	2022年	团队项目《让有信仰的人讲信仰的故事——红船旁的初心"后浪"宣讲团》获第六届全国高校"礼敬中华优秀传统文化"示范项目
22		话剧《初心》成为浙江省高校原创文化推广行动作品
23		团队项目《传承百年红色基因汲取"根脉"奋进力量——创演话剧〈初心〉弘扬红船精神的实践探索》获第十七届"挑战杯"全国大学生课外学术科技作品竞赛一等奖
24		团队项目《初心红传——打造南湖旁"思政第一课堂"》获第八届中国国际"互联网+"大学生创新创业大赛铜奖

附录四 《初心》社会评价（部分）集锦

红船凝魂点亮信仰之炬

2017年12月11日，《光明日报》报道话剧《初心》

——嘉兴学院原创红色话剧《初心》上演侧记

本报记者 陆 健 严红枫

"中国人不能再等了，必须要有人做召唤黎明的雄鸡，做迎接风暴的海燕，做披荆斩棘的拓荒者！"在新青年杂志社，李达正与王会悟讨论时局，心燃激情，慷慨陈词……

12月9日，一部由嘉兴学院师生自编自导自演的原创红色话剧《初心》在浙江嘉兴首次上演。

话剧《初心》是嘉兴市文化精品工程重点扶持项目。作为党的诞生地的大学，嘉兴学院将开天辟地、敢为人先、追求理想的初心，将坚定不移、百折不挠、追逐光明的信仰，融入青年的信仰教育，融入高校校园的育人文化，用话剧这种当代青年学生喜闻乐见的艺术形式来展现"红船精神"的时代魅力。

话剧《初心》以"南湖红船"为创作载体，以20世纪初叶国内外时局为背景，以一大代表李达爱人、会务人员、嘉兴籍王会悟的经历为主线，重现毛泽东、李达、李汉俊等13位中共一大代表创立中国共产党的光荣历程，再现建党时期的恢宏时刻。配合舞台道具、灯光电频等艺术处理效果，话剧彰显南湖红船文化，激励现代青年学子、社会大众永远跟党走，不忘初心，继续前进。

《初心》全剧共五幕，内容主要以中共一大的真实史料记载为主要情景，在忠于历史、还原历史的基础上，以群像加个像的人物塑造，通过剧情发展设置悬念，会议中有坎坷，有分歧，但会议最终圆满结束。

"'红船精神'是嘉兴学院扎根中国大地办好社会主义大学的精神财富，也是我们宝贵的校本特色。"嘉兴学院党委书记黄文秀对记者说，"我们将'红船精神'引入校园，就是希望这艘象征着开拓进取的精神之舟赋予教育工作更强大的动能，更好地助力学校履行立德树人的使命。"

2016年，嘉兴学院与浙江省社科联共同起意，让大学生排演一部原创红色话剧，结合现代艺术表现形式，挖掘"红船精神"的新时代价值。几度斟酌，最终定剧名为《初心》。

2017年2月，有着15年话剧排演经验的嘉兴学院文法学院接过任务，中文系党员教师汪娟主动请缨，带领8位学生，借阅50余册相关书籍，从撰写中共一大有关人物小传做起，边研究、边考证、边创作，利用3个月的周末和课余时间进行创作，完成了《初心》剧本初稿。

随后，《初心》剧本修改又历时数月，文法学院多次召开创作讨论会，成立了改编、导演、表演和推广等多方融合的崭新团队，历经推倒、重构、考据、斟研，经30余次的修改，最终在2017年10月底定稿后投入紧张的排练。

教师党员带头，师生齐心协力。有的老师顾不上孩子中考，天天编写剧本；有的老师发着高烧，坚持到现场指导表演。为了节约成本，学生自己动手做道具服装，动手编曲填词；为了让舞台背景更鲜活，师生四处寻找素材；为了核实一句台词，师生查史料到深夜；上海舞美协会专家百忙之中赶来为舞美出谋划策；上海师大的教师为剧组提供了珍藏多年的历史照片。

一部原创话剧，300多个日夜，从最初的9人创作小组，到如今100多人的演职人员和指导团队，大家齐心协力终于迎来了校园的首场演出。

《初心》导演、嘉兴学院汉语言文学142班的王金超说："我们有幸生活在这样的新时代，有幸参与这样的演出，一定要珍惜这次机会。"创作期间，文法学院召开主题党日"初心分享会"，主创人员把创作感悟与全体党员分享，有两名同学被早期共产党人的初心所感染，递交了入党申请书。

汉语言国际教育162班的王丹璐感慨地说："在长达4个月的《初心》创作中，一大代表们视天下为己任、坚定信念化险为夷的一幕幕深深刻在我的脑海中，让我始终心潮澎湃。我想让自己靠近党一点，再近一点，去感受她的魅力，进而成为她的一分子。"

（《光明日报》2017年12月11日）

2018年1月14日，中央广播电视总台《新闻联播》

浙江高校不断创新思政教学模式，在南湖畔的嘉兴学院，中国共产党在红船上的诞生历程被同学们搬上舞台，盘活了思政课堂。

（中央广播电视总台《新闻联播》2018年1月14日）

南湖学子创演"初心"

《共产党员》报道原文

本刊记者　黄国中　通讯员　洪　坚

9月，新学期，嘉兴学院《初心》剧组的学生演员们就开始了认真排演，准备新一季的巡演。

97年前，有一群年轻人，他们前仆后继，誓要达成开天辟地的壮举，在嘉兴南湖的一条游船上召开了中国共产党的第一次全国代表会议。

97年后的今天，有一群年轻人，再望先辈，以话剧的形式诠释"不忘初心"，带我们回味那段风云岁月。

话剧《初心》以"南湖红船"为创作载体，以20世纪初叶国内外时局为背景，以一大代表李达爱人、会务人员、嘉兴籍王会悟的经历为主线，重现毛泽东、董必武、李达、李汉俊等一大代表创立中国共产党的光荣历程，再现建党这一恢宏时刻。

2016年，在中国共产党成立95周年之际，习近平总书记发表"七一"讲话，号召全党"不忘初心、继续前进"。嘉兴学院积极响应，并与浙江省社科联共同起意，由师生创作排演红色话剧，挖掘"红船精神"的新时代价值。经浙江省社科联和嘉兴学院党委的反复斟酌，最终定剧名为《初心》。

2017年2月，有着15年话剧排演经验的嘉兴学院文法学院接过任务，中文系党员教师汪娟主动请缨，带领8位学生，借阅50余册相关书籍，从撰写中共一大有关人物小传做起，边研究、边考证、边创作，利用3个月的周末和课余时间，完成了《初心》剧本初稿。随后，《初心》剧本历经推倒、重构、考据、斟研，经30余次修改，历时300多天，终于在一二·九运动纪念日当天迎来了首演，随后剧组还到杭州、嘉兴地区进行了9场巡演。

（《共产党员》2018年9月）

嘉兴学院：思政课里传递红船精神

本报记者　陆　健　本报通讯员　王苏婷

前不久，一堂由嘉兴学院打造的精品在线课程《红船精神与时代价值》首次面向全国直播。"长三角一体化战略""一带一路倡议""库布其奇迹"等时代热点都成为线上线下师生交流互动的话题。首播当日就有 5000 余名学生通过网页和手机 App 收看直播，参与互动。

生动翔实的案例、深入浅出的阐释，让大学生们对红船精神所体现出来的时代价值有了更深刻的认识。目前这门课程已被全国 56 所高校的学生选修。任课教师、嘉兴学院党委副书记吕延勤说："坐落在南湖畔、红船旁的嘉兴学院，有责任和义务将红船精神的科学内涵、历史地位和时代价值传递给青年学子，让中国共产党人的初心和使命真切为当代大学生所感佩！"

挖掘理论深度，让哲学原理演化为思维习惯

嘉兴学院大二学生徐缘园刚与课题组成员们一同完成了《马克思主义基本原理概论》课内课题汇报。在一个多月里，大家围绕"绿色发展"主题，一起查找资料、讨论分析，最终确定从含义、背景、路径和当代大学生如何参与四个方面切入。

《马克思主义基本原理概论》这门课程，哲学理论抽象深刻。为了让学生们知晓概念含义，确实做到学理透彻、学思清晰，教研室以任务驱动法向学生们抛出问题，从而引发学生"疑"、启发学生"思"、激发学生"学"。该校马克思主义学院院长彭冰冰说："我们鼓励学生们通过课内课题的方式，自主发掘这背后所蕴藏的哲学原理和哲学思维，学生们在弄清楚理论知识的同时，进一步拓展思考实现的路径以及自己能做些什么，这就很好地实现了理论学识的落地和内化。"

完成课内课题的过程中，教师并没有缺席。从选题、分组、查找分析到课题撰写，任课教师都必须给予引导和帮助，最终对学生完成课题的情况给出过程评价。"采用课内课题的方式并不是为了给教师'减负'，教师的主导作用并没有缺失，只是变得更为隐性，而学生的主体地位又得到了加强。"学院教研室主任马赛说。

延长教育时效，将关注"国是"培养成生活习惯

在《毛泽东思想和中国特色社会主义理论体系概论》这门课上，基于教学内容的安排和多年的授课经验，任课教师胡平每年都会将"就业"设定为其中一个思政课实践选题。财务171班的江梦和她的团队通过发放问卷、查找佐证等实证研究方法，对在校生就业意愿情况进行了摸底。结合国家就业政策和相关理论知识，与他们在实践过程中的所见所闻、所思所想联系起来，最终形成了一份翔实的大学生就业意愿调查报告。

调研结束后，大家都觉得收获颇丰。"调研中我们发现有些同学对未来就业和职业规划存在困惑、茫然的现象。通过调研，我们认识到国家政策支持固然重要，但把握好在校时间，充分完善自我，提升自身价值和竞争力才是实现高质量就业、成就一番事业的关键，困惑和茫然也就迎刃而解了。"江梦说。

办好思想政治理论课，要在学生心灵埋下真善美的种子。马院教研室始终坚持课题相关性与选题自主性相结合、宏观政策与微观体验相结合的原则，在注重教育实效的同时也关注如何延长教育时效，让真善美的种子生根发芽茁壮成长。正如胡平所说："让学生们对身处的国家和社会有一个理性且又富有情怀的认知，让关注国家大事、自觉与国同运成为一种生活习惯和思想态度。"

排演红色话剧，把红色文化孕育为信仰力量

早在三年前，情景模拟就已经是嘉兴学院思政课改革中的一个重头戏。情景模拟式教学的发起人、任课教师罗获发认为，嘉兴学院地处红船起航地，这样充沛的地缘优势和精神资源应当融入思政课堂，成为思政教育的丰富养料。"学生们创作排演情景剧的过程其实也是一个自我学习、自我教育的过程。触动心灵的教育才是好的教育。"罗获发说。

2017年12月,一部由嘉兴学院师生自编自导自演,反映建党恢宏一刻的红色话剧《初心》正式上演,并得到了社会的广泛关注。值得一提的是,剧本创作期间,在早期共产党人坚定的理想信念感召下,主创人员中有两位学生向党组织递交了入党申请书。近期,又有一部由学院师生主创,以全面回顾嘉兴桐乡籍红军女将领、共和国女部长张琴秋一生为题材的红色话剧已全面启动。

鉴于红色话剧所带来的入脑入心的教育成效,学校将红色话剧排演纳入思政课实践教学范畴,参演学生经认定后均可获得相应学分。在嘉兴学院党委书记黄文秀看来,"从一个想法逐渐完善成一台鼓舞人心的红色话剧,每一步都是红船旁的嘉院师生对红船精神的理解与实践。传承红色文化,学院责无旁贷,并要将其化作立德树人的沃土,引领一代又一代青年学子不忘初心,牢记使命。"

(《光明日报》2019年7月16日)

让有信仰的年轻人讲信仰的故事

——浙江青年宣讲团的"后浪潮音"(节选)

新华社记者 魏董华 吴帅帅 李平

有信仰的年轻人把信仰讲给年轻人听

信仰是什么?

对于嘉兴学院红船剧社一群20岁出头的年轻主创人员来说,信仰是他们在话剧《初心》最后一幕,合唱《国际歌》时流下的眼泪。

新华社报道截图

话剧《初心》由嘉兴学院师生共同创作，重现了中国共产党创立的光荣历程。

自2017年12月首演以来，这部剧已在多地高校累计演出40多场，累计观众超过15万人。

浸润、洗礼、传播……一出话剧也是一次生动的宣讲。

"我总是在想宣讲的效果在哪里？在话剧《初心》中我找到答案——在演员饱含热泪高唱《国际歌》的场景中，在台下观众专注的目光里。"嘉兴学院文法学院党委书记洪坚说。

"蒲公英"的力量

虽然汉语不太好，21岁的藏族女孩儿次仁卓嘎还是被话剧《初心》里讲述的那段历史感动，尤其是剧中一段对话："前途很远，也很难，然而不要怕。不怕的人面前才有路。"

看完首演后，她第一时间申请加入话剧社，负责每次演出的道具摆放。

大一下半学期刚开学，她首次递交了入党申请书：

"我高中的班主任告诉我,我考上的大学在南湖边,那里是中国共产党的诞生地……"

次仁卓嘎出生在西藏日喀则市桑珠孜区年木乡奴林村。父母在她很小的时候就离世了,靠着姨妈的帮助和自己的努力,2017年她考入了嘉兴学院。

如今,次仁卓嘎已经做好决定,毕业后回到西藏,当一名老师。新冠病毒感染期间,她再次递交了入党申请书。

数据显示,自首演以来,三年间,几届学生演《初心》、学党史,团队中先后共有200多人次递交了入党申请书。

（新华全媒头条 2020 年 8 月 5 日）

初心如磐向未来

——写在党史学习教育启动之际

新华社记者　朱基钗　丁小溪　黄　玥　孙少龙

2021年,中国共产党迎来百年华诞。中共中央决定,在全党开展党史学习教育,激励全党不忘初心、牢记使命,在新时代不断加强党的建设。

百年征程波澜壮阔,百年初心历久弥坚。

在继往开来的历史性时刻,中国共产党人以习近平新时代中国特色社会主义思想为指引,重温百年奋斗的恢宏史诗,以信仰之光照亮前行之路,用如磐初心凝聚奋斗伟力,接续谱写新的历史篇章。

以史为鉴，重温百年波澜壮阔史诗

贵州，红色的土地。

1935年1月，具有伟大转折意义的遵义会议在此召开，在最危急关头挽救了党、挽救了红军、挽救了中国革命。

2021年2月，习近平总书记来到这里，重温宝贵精神财富，发出深入学习党的创新理论，加强党史学习教育的号召——

"要结合即将开展的党史学习教育，从长征精神和遵义会议精神中深刻感悟共产党人的初心和使命，落实新时代党的建设总要求，实事求是、坚持真理，科学应变、主动求变，咬定目标、勇往直前，走好新时代的长征路。"

知所从来，方明所去。

党的十八大以来，以习近平同志为核心的党中央以强烈的政治自觉和深沉的历史自觉，高度重视对党的历史的总结运用，把学习党史提高到事关党和国家工作全局的重要地位。

2013年6月25日，在中国共产党成立92周年前夕，习近平总书记主持十八届中央政治局第七次集体学习时指出："历史是最好的教科书。学习党史、国史，是坚持和发展中国特色社会主义、把党和国家各项事业继续推向前进的必修课。这门功课不仅必修，而且必须修好。"

2016年7月1日，在庆祝中国共产党成立95周年大会上，习近平总书记郑重宣示："一切向前走，都不能忘记走过的路；走得再远、走到再光辉的未来，也不能忘记走过的过去，不能忘记为什么出发。"

无论是考察革命纪念地，还是出席重大事件、重要人物纪念活动，习近平总书记多次强调，充分发挥党史以史鉴今、资政育人的作用。这为全党认真总结党的历史、科学对待党的历史、重视学习党的历史、善于运用党的历史提供了根本遵循。

追寻革命原点,倾听历史回响——

"对我们共产党人来说,中国革命历史是最好的营养剂。多重温我们党领导人民进行革命的伟大历史,心中就会增添很多正能量。"

党的十九大闭幕不久,习近平总书记带领中共中央政治局常委专程前往上海和浙江嘉兴,瞻仰中共一大会址和嘉兴南湖红船,追寻革命火种,赓续红色血脉。

行程万里,初心如一。

从延安宝塔山下的革命旧址,到太行深处的革命根据地;从雩都河畔的红军长征集结出发地,到大别山中的鄂豫皖苏区首府革命博物馆;从甘肃高台的西路军纪念碑,到北京香山的革命纪念地……习近平总书记一次次回到历史的现场,倾听历史的深切回响,阐释历史对今天的深刻启迪。

缅怀前辈楷模,传承红色基因——

党的十八大以来,习近平总书记出席纪念毛泽东、周恩来、刘少奇、朱德、邓小平、陈云等老一辈革命家诞辰的座谈会,缅怀他们为党和人民事业建立的不朽功勋,激励全党继承和发扬他们的崇高风范,坚定不移把中国特色社会主义事业推向前进。

狱中写下《清贫》的方志敏、"县委书记的榜样"焦裕禄、以"潜绩"默默奉献人民的谷文昌……习近平总书记多次讲述革命英烈、先进党员的故事,以一个个鲜明的党史人物坐标,绘制出中国共产党人的精神谱系,不断用党史这本"丰富生动的教科书"教育人、启迪人、感化人、鼓舞人。

回顾奋斗历程,坚定历史自信——

在纪念五四运动100周年大会上,阐发五四运动的里程碑意义,揭示中国先进分子集合在马克思主义旗帜下,创造开天辟地伟业的历史必然;

在纪念红军长征胜利80周年大会上,重温世所惊叹的伟大远征,总结长征精神的深刻内涵，发出走好今天的长征路的伟大号召；

在纪念中国人民志愿军抗美援朝出国作战70周年大会上，讲述以"钢少气多"力克"钢多气少"的雄壮史诗，彰显雄赳赳、气昂昂奋勇前进的决心意志；

在庆祝改革开放40周年大会上，回顾中国共产党推动改革开放的伟大历史进程，纵论40年实践的宝贵经验和重要启示；

……

向历史寻经验，向历史求规律，向历史探未来。

穿越百年风雨，习近平总书记通过一堂堂深刻的"党史课"，揭示历史背后的道理逻辑，引领人们更加深刻地理解中国共产党为什么"能"、马克思主义为什么"行"、中国特色社会主义为什么"好"。

以学为基，传承党内教育优良传统

2021年1月1日，位于上海市中心的南昌路100弄2号里热闹了起来。"中国共产党发起组成立地"和"《新青年》编辑部旧址"，迎来了新年首批参观者。

100多年前，这个石库门老弄堂里，进步青年热烈讨论、探索救国救民之路，党的早期组织诞生，中国革命的火种燃起。如今，一批又一批游人到此瞻仰，驻足流连，既为重温党史，也为放眼明天、奋斗前行。

这是"不忘初心、牢记使命"主题教育开展以来，各地党员干部积极学习党史、参与党史教育的一个缩影。

中国共产党历来重视对自身历史的总结和学习，并以此为动力不断将党的事业推向前进。

进入新时代，党史学习教育这一优良传统，在党内的多次集中教育中得到进一步传承和发扬。

2016年7月，在"两学一做"学习教育如火如荼开展之时，中央组织部等四部门联合发文,要求各地区各部门各单位以《中国共产党的九十年》出版为契机,组织引导广大党员、干部、群众和青少年学习党史、铭记党史,做到知史爱党、知史爱国。

2019年7月,中央"不忘初心、牢记使命"主题教育领导小组印发《关于在"不忘初心、牢记使命"主题教育中认真学习党史、新中国史的通知》,要求各地区各部门各单位把学习党史、新中国史作为主题教育重要内容,不断增强守初心、担使命的思想和行动自觉。

在2020年初召开的"不忘初心、牢记使命"主题教育总结大会上,习近平总书记强调,要把学习贯彻党的创新理论作为思想武装的重中之重,其中就有"同学习党史、新中国史、改革开放史、社会主义发展史结合起来"的要求。

每一次向历史回眸,都是一次精神洗礼。

党的十八大以来,党内集中教育接续开展,成为新时代加强党的建设的重要举措——

从党的群众路线教育实践活动到"三严三实"专题教育,从"两学一做"学习教育到"不忘初心、牢记使命"主题教育,广大党员干部在一次次集中"补钙""加油"中,不断擦亮先锋本色。

以建党百年为契机,面向全党开展党史学习教育,必将为中国共产党人提供更加坚定的信仰力量、丰富的理论滋养和前进的勇气信念。

向史而新,接续谱写新的时代华章

百年风云激荡,既是一部感天动地的史诗,也是一首豪情壮志的赞歌。历史镌刻着奋斗的辉煌,也指示着未来的方向。

述往思来,坚守为国为民初心——

1921年,中国革命的航船从南湖扬帆起航。

为还原那段峥嵘岁月,浙江嘉兴学院一批青年师生自编自导自演的话剧《初心》，以中共一大的真实史料记载为主要情景，通过人物塑造和剧情设置，再现"红船精神"的时代魅力。

"中共一大代表们视天下为己任、坚定信念化险为夷的一幕幕深深刻在脑海中，让我心潮澎湃。我想让自己靠近党一点，去感受她的魅力，进而成为她的一分子。"青年学子王丹璐参演期间被共产党人真挚深沉的情怀所感动。

自2017年首演以来，三年间，几届学生演《初心》、学党史，团队中先后共有200多人次递交了入党申请书。

浸润、洗礼、传播……一出话剧也是一次党史的生动宣讲。

从小小红船到巍巍巨轮，中国共产党正是始终牢记为中国人民谋幸福、为中华民族谋复兴的初心使命，带领中国人民迎来从站起来到富起来再到强起来的伟大飞跃。

从百年党史中汲取前行力量，让初心融入血脉、把使命扛在肩头，新时代共产党人的信念将更加坚定。

继往开来，鼓舞攻坚克难勇气——

福建省长汀县中复村的红军桥上，廊桥柱子上的一道刻痕依稀可见。50多岁的"红色讲解员"钟鸣对南来北往的游人深情讲述：这道刻痕，是红军招兵的最低门槛，即一支长枪加一柄刺刀的长度，大约一米五。这样，可以确保新兵背起枪、走上战场。

面对生命的等高线，闽西子弟向死而生，毅然完成自己对生命的选择。有关记载显示，仅参加长征的福建人民子弟兵有近3万人。

"从来没有天上掉下来的幸福，幸福都是奋斗出来的。"钟鸣说，"长征精神是军魂、党魂和国魂，鼓舞我们不畏惧艰难险阻，在攻坚克难中创造更加幸福的生活。"

一部党史，就是一部不断战胜困难、创造奇迹的历史。

新时代的长征路上，还有许多"娄山关""腊子口"需要攻坚，还有许多"雪山""草地"需要跨越。从百年党史中汲取前行力量，无论风吹浪打、果敢勇毅前行，新时代共产党人的斗志将更加昂扬。

鉴往知来，锤炼过硬本领作风——

滹沱河畔，太行深山。近日，习近平总书记给西柏坡镇北庄村全体党员的一封回信引发热烈反响。70多年前，这个静谧的小村落曾是全国革命的领导中心。

1949年3月，在中国革命即将取得全国胜利的时刻，毛泽东同志在这里向全党提出了振聋发聩的"两个务必"。从此，以"两个务必"为核心的西柏坡精神，警示着一代又一代共产党人。

今年53岁的陈国平，曾长期担任西柏坡镇梁家沟村党支部书记，他始终牢记"两个务必"，带领乡亲们脱贫致富，过上红火的日子。

"西柏坡是咱共产党员的精神家园。"陈国平说，"现在脱贫小康了，我们还要时刻牢记'两个务必'，始终保持同群众的血肉联系，继续答好新的赶考路上的'考卷'。"

党的历史，也是党不断加强和改进自身建设的历史。百年之间，中国共产党历经风雨而本色不改的秘诀，就是始终以刀刃向内的自我革命，推进改天换地的社会革命。

从百年党史中汲取前行力量，以全面从严治党擎起朗朗乾坤，新时代共产党人的本领、作风将更加过硬。

百年华章铸辉煌，崭新伟业已开启。

在以习近平同志为核心的党中央坚强领导下，百年大党温故知新再出发，以昂扬的姿态踏上全面建设社会主义现代化国家新征程，必将从胜利走向新的更大的胜利。

（新华社2021年2月20日）

2021年4月2日，中央广播电视总台《新闻联播》

  让历史照亮未来，浙江不断创新党史学习教育形式。在嘉兴，400多名青年师生，以中共一大南湖会议为背景创作的话剧《初心》，已演出近百场，在舞台上重现了早期共产党人开天辟地、敢为人先的精神。

  （中央广播电视总台《新闻联播》2021年4月2日）

王金超 浙江嘉兴学院初心工作室党支部书记 话剧《初心》总导演
也是让有信仰的年轻人

孔玉叶 浙江嘉兴学院学生 话剧《初心》演员
能够在党的诞生地

2021年4月12日，中央广播电视总台《焦点访谈》

为还原那段峥嵘岁月，浙江嘉兴学院青年师生自编自导自演话剧《初心》，以中共一大真实的史料记载为主要情景，通过人物塑造和剧情设置，再现红船精神的时代魅力。从2017年首演以来，3年多来几届学生演《初心》，学党史，团队中先后有两百多人递交了入党申请书。他们在南湖边聆听宣讲，重温历史，这些年轻人对责任和担当有了更深的认识。

（中央广播电视总台《焦点访谈》2021年4月12日）

通过党史学习汲取力量
嘉兴军分区官兵观看话剧《初心》

嘉兴军分区官兵观看话剧《初心》

"中国人不能再等了，必须要有人做召唤黎明的雄鸡，做迎接风暴的海燕，做披荆斩棘的拓荒者！"昨晚，嘉兴军分区组织300余名官兵、文职人员、职工观看话剧《初心》。

精湛的表演、动人的故事在官兵中引起强烈反响。嘉兴军分区着眼新生代青年官兵的特点，将话剧引入党史教育课堂，增强教育吸引力、感染力，受到官兵一致点赞。

话剧《初心》是由嘉兴学院文法学院总策划、老师和同学们潜心创作而成的原创话剧。以"南湖红船"为创作载体，以中共一大会议转移到南湖红船召开的史实为创作内容，以一大代表李达的爱人、会务人员、籍贯嘉兴的王会悟的主要经历为主线，以毛泽东、董必武、李达等13位一大会议参加者为主要人物，重现了创立中国共产党的光荣历程，展现了早期共产党人开天辟地、敢为人先的精神。目前已演出近百场，覆盖观众50多万人次，被70多家媒体报道300多次。

"我们演出过很多次，平时坐在观众席的大多是老师、同学，而这一次是军人。看着观众席严肃干练的观众，我们也更加认真，为呈现一场完美的演出而全力以赴。希望通过我们演绎的党史故事，向他们展示嘉兴大学生的朝气与活力。"《初心》剧组工作人员、嘉兴学院文法学院知产181班的杨情雅说。

"组织官兵观看话剧《初心》打破了教育课堂的传统模式，使教育变得既生动又有意义。"嘉兴军分区相关负责人介绍，他们要从党史学习中激发信仰、获得启发、汲取力量，像革命先烈和英模人物那样坚定理想信念，把强军重担扛在肩头。

"观看完话剧带给我的精神触动非常大。"嘉兴军分区战士陈泓燊深有感触，"对历史最好的纪念就是不负使命担当，作为红船旁的士兵，我一定会接住历史的接力棒，在本职岗位上精武强能。"

"以前只知道中共一大后来转移到红船上继续召开，没想到其中还有那么多的艰难险阻。"嘉兴军分区文职人员张慧婷感慨地说，"话剧的形式让我们非常直观、沉浸地走进了中共一大代表的故事，这样的党史教育解惑又解渴。"

"爸爸，台上的哥哥姐姐真厉害！""那今天回家，你就写个作文记录下来！"演出结束，转业军人、民兵代表吴春雷给读小学五年级的儿子布置了一个小作业。吴春雷说："了解党史，才能知道今天的生活来之不易。这对我和孩子来说，都是一种很好的启发。"

为推动党史学习教育入脑入心，嘉兴军分区邀请地方党史专家为官兵深入解读党史；开设红船大讲堂引导官兵登台演讲，将党史故事搬上舞台，进一步增强党史学习教育的吸引力、感召力；开展听红色广播、读红色书籍、唱红色歌曲等活动，组织民兵宣讲分队深入基层，巡回宣讲党史军史，营造学习党史的浓厚氛围。

（《嘉兴日报》2021年5月14日）

南湖畔红船旁，高校学子演绎《初心》

《中国妇女报》全媒体记者　姚改改　见习记者　田梦迪

进入5月，由于另外两位王会悟的扮演者身体抱恙，《初心》话剧的所有演出都靠孙雨心扛起女主角的大旗。一个月十几场，一天两场，除了上课，孙雨心的课余时间都扑在了《初心》话剧上。

孙雨心是2020级的大学生，在《初心》话剧中饰演王会悟一角。正式亮相以来，她已成功出演20多场。

作为创办在党的诞生地南湖红船旁的大学，2016年建党95周年时，嘉兴学院与浙江省社科联共同起意，想让大学生排演一部以一大会议为主题的红色话剧《初心》。这项艰巨的任务交到了有着15年话剧排演经验的嘉兴学院文法学院。

细心打磨，严肃还原历史

"虽说有15年经验，但之前排演的都不是原创剧目。没有原创经验、没有专业人员、没有经费，是我们面临的三大难题。"谈起《初心》的开局，《初心》剧目的总策划、嘉兴学院文法学院党委书记洪坚感慨万分。

最初想发动社会力量参与剧本《初心》的创作，但经过一个寒假的征集，效果并不理想。此时，中文系党员教师汪娟站了出来。"这对我们来说是史无前例的事情，能不能成功并不知晓，但这又是件创新而有意义的事情，如果决定参与进来，还请坚定地参与到底。"一开始，汪娟就与学生约法三章，带领着8名同学开启了艰难的原创之路。

利用每天的休息时间，师生埋头讨论，借阅购买到所有与南湖红船相关的50多本书籍，一一研读。写下的每个字都经过斟酌，细心打磨。

3个月后,《初心》剧本初稿终于完成。因为没有经验,这还算不得真正意义上的剧本。文法学院又请来了党史专家,召开讨论会。

"这是最痛苦的环节。"洪坚回忆说。最大的问题,来自"新老"思想上的冲突。年长者认为这是史实红剧,一定要严肃地还原历史,但年轻人则想把他们喜欢的元素融入进去,枯燥的历史剧他们不爱看。场场讨论会,大家都争得面红耳赤,常常是不欢而散。

意见迟迟达不成统一,这剧目还能进行下去吗?每个参与者心里不免有这样的担忧。

做还是不做?洪坚心里也曾有这样的纠结。思量半天,她还是打定主意:"党的诞生地大学必须做,没有退路!"

……

考虑到王会悟是嘉兴人,也是一大会议中唯一的女性,更重要的是在上海召开的一大被迫中断后,在她的建议和安排下,会议转至南湖红船上,于是,剧本设计了以王会悟为主线,从她和李达的爱情邂逅为开篇,由她接待代表、为开会放哨、提议转会南湖等情节来完成串场。

边排边改,边改边请专家把关。临近首演,通宵达旦成了家常便饭。2017年12月9日,首演顺利。首演结束,一直以来都是"跌跌撞撞"的剧团终于看到了曙光。

此后的每场演出,洪坚都会坐在观众席上,看完整场演出,持续找不足。每每演到剧中的动情之处,曾经"新老"之争的画面总会闪现在洪坚的脑海里,"真像是革命斗争换来了美好"。

承担使命,讲好红色故事

《初心》的成功,一半是对剧本严格把控,另一半是对演员修养高要求。至今,五任"王会悟"都对老师的严厉,记忆犹新。

有人涂了好看的指甲油,认为台下观众看不到无伤大雅,却被老师批评不符合人物形象,没有代入感;有人爱惜头发,舍不得剪掉长发,被老师批评没有牺牲精神,"多少革命烈士为了革命,牺牲了生命,而你却头发都不愿'牺牲',那你不配演王会悟";有人在演出过程中,因为坐着休息了一下,导致话筒不出声,被老师指出必须具备演员素养……

一次次的体验式学习,一次次精益求精的追求……《初心》话剧大受欢迎,累计受众已超 3 亿多人次。目前,《初心》剧目台前幕后共有 77 人,女生占一半。

听说学校准备排演《初心》,毕业班的王金超放弃了考研和考公务员的机会,主动请缨担任总导演。这些年,一路陪伴着《初心》成长。也因与这部剧的缘分,她留校当了老师,成为《初心》工作室党支部书记。

"我要怀着感恩的心,回到我的家乡日喀则,给那里的孩子讲《初心》,讲红船故事。"嘉兴学院第一批藏族学生次仁卓嘎,看过《初心》话剧后,主动加入道具组,递交入党申请书。一直站在幕后的她,已看了剧目上百次,将台词背得滚瓜烂熟,其中"不怕的人面前才有路"成为她的人生座右铭。如今,她已成为一名中共党员,化身一名宣讲员回到西藏,将红船宣讲从南湖之滨带到高原之巅。

今年是建党百年,《初心》在方方面面再次提升后,开展了"百年百场,初心向党"活动。同时,将剧目改编成 20 多个版本,以不同形式将红船精神传播开来。

"作为红船旁的大学,我们有责任和使命弘扬红色基因,讲好红色故事,将红船精神代代传承下去。"洪坚说。

(《中国妇女报》2021 年 6 月 8 日)

演好剧中人　学好剧中魂（节选）

2021年6月19日，《中国教育报》报道话剧《初心》

本报记者　单艺伟　摄影报道

　　嘉兴学院师生自编自导自演的原创红色话剧《初心》以"南湖红船"为创作载体，彰显早期共产党人开天辟地、敢为人先的首创精神，坚定理想、百折不挠的奋斗精神，立党为公、忠诚为民的奉献精神。嘉兴学院通过打造红色话剧、红歌党史串学等方式，为红船旁的学子上好党史育人"必修课"。

"今天，中国共产党在嘉兴南湖的这艘船上诞生了，这是中国历史上开天辟地的大事。中国的革命面貌，从此必将焕然一新。"在浙江嘉兴南湖的游船上，出席中国共产党第一次全国代表大会的代表目光坚定、慷慨陈词……

前不久，一部由嘉兴学院师生自编自导自演的原创红色话剧《初心》在浙江省嘉兴市嘉善县影剧院上演。送剧下乡，宣讲实践，嘉兴学院师生将这部话剧作为一大党史教育课，用宣讲等方式开展爱国主义教育实践活动，以"百场公演"献礼建党百年。

话剧《初心》以"南湖红船"为创作载体，彰显了早期共产党人开天辟地、敢为人先的首创精神，坚定理想、百折不挠的奋斗精神，立党为公、忠诚为民的奉献精神。话剧《初心》已经成为嘉兴学院党员教育和新生入学教育的必修课，引领师生"不忘来时路"。大学新生入学后，学校通过组织他们观看话剧《初心》，让党史教育可听、可视、可感，让"红船精神"代代相传。截至目前，已有40万人次通过观看话剧《初心》重温建党历程。

在话剧《初心》中饰演毛泽东的嘉兴学院学生安飞扬在完成自己的首场演出后，果断而坚定地向党组织递交了入党申请书。"当我在台上用全力喊出'中国共产党万岁'时，禁不住热泪盈眶。年轻的我渐渐懂得了革命前辈们那一份追求理想的赤诚之心，这也是我要加入中国共产党的原因。"他眼神坚定地说。

"一次话剧演出就是一次生动的党史宣讲，也是让有信仰的年轻人把信仰的故事讲给更多年轻人听。历史不仅铭记奋斗的过去，更为我们指引奋斗的未来，让我们年轻人明白自己肩上的责任和担当。"初心工作室党支部书记、话剧《初心》指导教师王金超说。

秀水泱泱，红船依旧；时代变迁，精神永恒。将党史学习教育与立德树人工作紧密结合，嘉兴学院通过打造沉浸式青春版原创红色话剧《初心》、"云端"红歌党史串学、推出《红船精神》《红船见初心》《红船精神领航中国梦》等一系列红船精神理论读物，用活党史资源、讲好红色故事，为红船旁的学子上好党史育人的"必修课"。

嘉兴学院党委书记卢新波说："作为办在革命红船起航地嘉兴的高等院校，学校将继续把党的历史学习好、领悟好，把党的成功经验传承好、发扬好，不断增强大学生的政治认同、思想认同、情感认同，不断提升思政课程铸魂育人的成效，培养学生成为担当民族复兴大任的时代新人。"

（《中国教育报》2021年6月19日）

以年轻人的方式走近年轻人
浙江"00后"理论宣讲团崭露头角

记者 王璐怡 黄珍珍

"在寻访红色足迹的过程中，'浙东刘胡兰'李敏的故事深深感染着我，面对敌人严刑拷打她始终坚贞不屈。新时代年轻人，应当承载这份厚重的爱国情怀，无愧今天的使命，不负明天的梦想！"7月7日下午，金华市大中小学思政教育实践活动启动仪式现场，"00后"宣讲员李翔向百名中小学生深情讲述。

李翔是浙江师范大学马克思主义学院"'00后'宣讲团"成员之一。这个暑假，30余名宣讲团成员将带领10后中小学生，一起挖掘身边更多的红色故事，通过宣讲与实践传承红色基因。

如何让"四史"教育在青少年中入耳、入脑、入心？在浙江，活跃着一支支"80后""90后"理论宣讲队伍,现在以"00后"为主力的宣讲团开始崭露头角,他们有热情、会创新,成为了理论宣讲的又一支生力军。

信仰的力量,在青年中引发共情共鸣。宁波财经学院大三学生熊意出生于军人家庭,听着爸爸讲述的革命烈士故事长大。"我特别想把这些故事讲给身边人听,让更多年轻人了解英烈、学习英烈。"今年2月,她和同学自发组建的红色宣讲团正式成立,团队时常利用课余时间深入中小学校园,讲述与浙东抗日根据地有关的红色故事。

5个月时间,团队已开展宣讲14场次。浙师大马克思主义学院"'00后'宣讲团"发起人何恺昱,是《觉悟》主编邵力子的后代,他常为同学们讲述邵力子推荐陈望道翻译《共产党宣言》的故事。"我们团队的成员中,不少人的祖辈都是革命时期的亲历者。我们有坚定的信念,去发现、了解、传播身边的红色故事。"何恺昱说。

Vlog、情景剧、中国风说唱……"00后"们更擅长以青少年的视角和表达方式,讲述红色故事。"经过近半年的宣讲积累,我们原创了以革命烈士李敏为原型的剧本。"宁波财经学院红色宣讲团负责人李昌洲说,这两天,他们正对接相关文创企业,将推出当下年轻人喜欢的"剧本杀",让更多人沉浸式体验革命历史。

走近年轻人,才能"走进"年轻人的心里。宁波财经学院大一学生陈冠宏就是在听完宣讲后报名加入了宣讲团队。"以一种融入的方式听同龄人讲述,我才真正明白烈士、英雄的可贵精神,明白大学生应有的责任和担当。"如今,他在团队中负责文稿撰写,希望将更多经典的红色形象和红色故事搬上讲堂。

宣讲中,"00后"在感染别人的同时,也更加坚定了传承红色基因的决心。嘉兴学院红船剧社中的70多名在校学生,几乎都是"00后"。学生们演绎的原创话剧《初心》登上省内外各大舞台,再现中国共产党在红船诞生的伟大历程。"一次演绎就是一次党史宣讲。在演绎中，我们自己离历史也更近了。"《初心》导演王金超说，从剧本创作、围读剧本、训练彩排到上台表演，大家在不断学习中对中国共产党、红船精神有了更深的理解，主动向党组织靠拢，所有"00后"成员都陆续递交了入党申请书。

（《浙江日报》2021年7月8日）

百场《初心》话百年（节选）

记者　田建明　万里鹏

《嘉兴日报》报道原文

百年初心，历久弥坚。

一百年前，嘉兴南湖响起桨声，一叶红船承载着民族的希望劈波斩浪、扬帆起航。

一百年后，小小红船已成为领航中国行稳致远的巍巍巨轮，承载着

14亿人民的中国梦驶向更美好的明天。

2021年是建党百年。作为红船旁的大学，嘉兴学院原创红色话剧《初心》团队开启"百年百场"演出活动，以100场公益巡演庆祝党的百年华诞，追寻那段惊心动魄、激情燃烧的岁月里担起救亡图存重任的热血青年的足迹。

嘉兴学院原创红色话剧《初心》团队成立于2017年2月，经过近一年的创作和打磨，《初心》于当年12月首演。"《初心》的创作灵感来源于2016年习近平总书记在建党95周年发表的'七一'重要讲话《不忘初心，继续前进》。"嘉兴学院文法学院党委书记洪坚说。校领导排演红色话剧的意向和洪坚不谋而合。作为总策划，洪坚联系老师学生组队，邀请党史专家加入，开始了紧张的筹备。经过公开招募和邀请，约150人的初创团队逐渐形成，但是大家都没有相关经验，从剧本到导演、演员、道具，从买书学写剧本开始，大家反复学习探索。"目前看到的《初心》是5.0版本，是所有人努力的结果。"洪坚介绍。

《初心》全剧共五幕，以"红船"为创作载体，以中共一大代表李达的夫人王会悟的经历为叙事主线，重现了1921年中共一大创立中国共产党的光荣历程，展现了早期共产党人的首创精神、奋斗精神和奉献精神。

洪坚对2017年12月9日那个振奋人心的晚上记忆犹新。当晚，《初心》在嘉兴学院学生活动中心小剧场首演，相关领导和学院师生代表1000多人观看了演出，当听到全场掌声如雷、看到团队全体人员谢幕时，不少人流下了激动的眼泪。

《初心》的创作和演出成功，让红船精神融入校园文化建设，也充分发挥了红船精神的育人价值。

"红色话剧《初心》不仅激励了一场场观众，团队所有演职人员更是在演出中一次次被感动，目前团队所有成员均递交了入党申请书，有的已经光荣入党。"导演王金超介绍。当年，王金超是嘉兴学院学生、校剧社社长，现在在嘉兴学院文法学院党院办工作，也是《初心》的总导演。安飞扬是嘉兴学院汉语言文学173班学生，也是《初心》中毛泽东的扮演者。他回忆："2018年4月，我首次登台演出，感受到台下观众专注热切的眼神；当我在台上用全力喊出'中国共产党万岁'时禁不住热泪盈眶。在我眼里，那绝不仅仅是一句台词，更是我们剧组全体师生的共同心声。年轻的我渐渐开始体会到先辈们付出的艰辛，懂得了他们那一份追求理想的赤诚之心。演出结束后，我激动地打电话对母亲说'我要入党'。"

近年来，嘉兴学院原创红色话剧《初心》团队走出嘉兴，把革命先辈们的奋斗故事和革命精神传播出去。

去年6月1日至5日，嘉兴学院原创红色话剧《初心》团队受邀参加浙江省援疆指挥部、沙雅县委、沙雅县政府、嘉兴援疆指挥部、第一师文化体育广电和旅游局举办的"浙沙共庆建党百年""浙阿共庆建党百年"活动。30多名师生跨越4000多公里，把《初心》从江南水乡带到了丝路重镇和天山南麓，在新疆沙雅县科技文化艺术中心和阿拉尔市大剧场上演三场，在当地引发了热烈反响。此次新疆演出困难重重，气候的炎热、时差的困扰、行程的紧张、道具的稀缺、身体的不适……但团队都一一克服，圆满完成了演出，将南湖红船的故事带到新疆，让更多人了解革命先辈的那段峥嵘岁月。观众木克德斯·尼亚孜表示，她看完话剧《初心》深受感动，"我们现在的幸福生活来之不易。作为一个年轻人，我更要学习党的历史，把这种精神传递给身边更多的人。"

一届一届的学生毕业和新生入学，参与《初心》的演职人员不断有新鲜血液加入，嘉兴学院原创红色话剧《初心》团队还在不断提升，影响力还在持续扩大，迎接新的百年征程。藏族学生次仁卓嘎是道具组的一名成员，她在学校师生的关爱下顺利毕业，还入了党。毕业之际，次仁卓嘎告诉老师："我为自己是红船旁的一名大学生感到自豪，我要把《初心》带到雪域高原，带回我的家乡。"

（《嘉兴日报》2022年1月17日）

嘉兴学院培育《初心》红色文化金名片（节选）

《中国青年报》、中国青年网记者　李剑平

近日，浙江省嘉兴学院第四届校园文化品牌评审结果揭晓，话剧《初心》、"红色忘年交"、"红色外译"等3个育人项目被确定为精品项目。这些校园育人项目的共同特点就是，师生们一届接着一届干，贵在坚持，久久为功，其中该校生化学院"红色忘年交"结对子活动已连续开展28年。

该校文法学院"话剧《初心》红剧展演"项目汇报人马雪琛说，在庆祝中国共产党的百年华诞之际，嘉兴学院充分发挥在中国革命红船起航地办学的资源优势，组织师生创排了红色话剧《初心》，生动传播红色文化，用红船精神点亮学子信仰。

从2017年12月9日初演至今，《初心》先后在全国50多座城市巡演100余场，得到社会广泛的认可。马雪琛说："我们将不忘初心、牢记使命，笃行不怠、勇毅前行，在青春的赛道上跑出当代青年的最好成绩。"

（《中国青年报》2022年5月6日）

部分观众评价

《初心》自首演我就一直关注，孩子们演得特别让我感动。剧中王会悟形象也比较贴近原型。

——李达与王会悟的孙女李典

《初心》的剧本写得很好，将这一段恢宏的历史搬上荧幕本身就不是一件易事。同学们生动的表演重现了中共一大的历程，让我身临其境、沉浸其中。

——革命先驱王若飞儿媳、张鼎丞的女儿张延忠

演员们演得非常好，看完演出后十分感动。同学们演出了共产党人的激情和精气神，让我能够感受到当时共产党人的那份初心。

——国家教育行政学院副院长于京天

师生原创话剧《初心》，以100场公益巡演庆祝中国共产党百年华诞，受到《新闻联播》《焦点访谈》等节目的报道。我还听说参与演出的学生纷纷写入党申请书，这很好。

——嘉兴市委书记张兵

弘扬红船精神，让更多的人看到《初心》，也期望同学们能够在生活中不忘初心，牢记使命，更好地学习和工作，为伟大复兴共同努力。演好《初心》，践行初心，实现初心！

——嘉兴学院院长陆军

建党初心路，不是走得快，而是走得远。往后看，是为了往前看，担当起民族复兴的重负。

——全国党建专家肖纯柏

《初心》令我深受触动，唤起了我对党史的回忆。我认为当代青年应该学习前人，心怀祖国，为国家建设和发展贡献力量。

——中国有色金属工业协会副会长贾明星

"红船精神"是中国革命精神之源，是指引中国共产党不断前进的强大思想武器。组织高校师生观看原创红色话剧《初心》，目的就是让广大师生重温创党历史，不忘初心，牢记使命，努力当好红船精神的忠实守护者、坚定传承者和自觉践行者。

——浙江省委教育工委副书记、教育厅党委副书记、副厅长鲍学军

岁月悠悠、往事如烟；蹉跎年代、幕幕重现；历经沧桑、魂系南湖；不忘初心、方得始终；珍惜当下、感恩母校；为国为民、再做贡献；红船精神、代代相传；担负使命、继续向前。

——共青团浙江省委宣传部原部长孟卫民

这部话剧是全校师生、是我们花费了很多心血精力制作的。话剧《初心》在校外，对其他高校有着很深的影响力。我们非常的震撼，感受到《初心》中深刻的教育意义，以及《初心》话剧的编排的成功，从头到尾我都被这部话剧感动着，整部剧让我感动的场面非常的多。

——嘉兴学院党委书记卢新波

这次来到嘉兴学习调研、观看《初心》，是一个非常好的机会，令我受益匪浅。我对待以后的各项工作更加有决心了，尤其是在教育部党组、机关党委的领导下，我会为实现教育现代化、服务人民，做出自己的贡献。

——教育部处级党员干部培训班学员王振华

演得很好，预祝演出成功！好！就要有这样的决心！走出去！

——浙江省委教育工委原书记、浙江省科学技术厅党组书记何杏仁

我和儿子都是第一次观看话剧。了解党史，才能知道今天的生活来之不易。这对我和孩子来说，都是一种很好的启发。

——嘉兴军分区转业干部吴春雷

观看完话剧带给我的精神触动非常大。对历史最好的纪念就是不负使命担当，作为红船旁的士兵，我一定会接住历史的接力棒，在本职岗位上精武强能。

——嘉兴军分区战士陈泓燊

弘扬红船精神，不忘建党初心，这部《初心》让我们知道红船精神不仅属于过去，而且属于现在，更属于未来。作为一名共青团员，我们要把个人梦想融入国家和民族的梦想中，让勤奋学习成为青春远航的动力，让增长本领成为青春逐梦的能量，在实现中华民族伟大复兴的中国梦的生动实践中放飞青春梦想。

——浙江理工大学学生沈雪瑶

话剧《初心》让我们真正体会了"初心"二字的含义。中共一大代表们不顾自身安危、前赴后继，只为解放劳苦大众，创立一个为老百姓谋福利的党，现在我对他们的付出，比之前单纯地读课本、看视频更加刻骨铭心，真正实现了入眼入脑入心。

——浙江工商大学学生丁燕

《初心》对我们的思想心灵是一次很好的洗礼。我为自己是红船旁的大学生感到自豪，我想入党，我要把《初心》带回家乡，让更多人了解中国共产党的伟大。

——《初心》道具组藏族学生次仁卓嘎

通过演绎《初心》这部红色话剧片段，我觉得我成长了。我更深刻地感受到中国共产党创建历程的艰辛，更加热爱祖国，珍惜现在的美好生活。

——榆林市第二中学黄涵森

看完话剧《初心》对红船很感兴趣,很想去嘉兴看看红船。

——西藏谢通门县小学次西拉姆

不忘初心,牢记使命,永远奋斗。

——桐乡市濮院镇油车桥村村民朱学红

《初心》使我深受震撼,革命先辈非常不容易,建党的历程是十分伟大的,我们现在的幸福生活来之不易。作为一个年轻人,我更要学习党的历史,把这种精神传递给身边更多的人。

——新疆维吾尔自治区沙雅县科技文化艺术中心干部木克德斯·尼亚孜

后记

本书是教育部高校人文社会科学重点研究基地重大项目《红船精神与伟大建党精神的关系》的成果之一，是思想政治教育实践成果。本书得到嘉兴大学中国共产党革命精神与文化资源研究中心（教育部人文社会科学重点研究基地）、浙江省红色文化研究与传承协同创新中心，以及浙江省中国共产党创建史研究中心的大力支持。主编洪坚多次召开研讨会，明确主要内容并讨论工作进展、进行内容撰写等，汪娟对文字内容进行梳理，王金超收集相关图片资料等。虞岚、计丹峰、吴广、徐小茜等提供了相关素材，在这里一并向他们表示感谢！尤其感谢每一位初心团队成员的陪伴与支持！

本书记录了2017年以来，初心团队从无到有并不断壮大的历程，其中凝结了师生们辛勤的汗水及无私的付出！本书得以付梓，特别感谢王会悟与李达的孙女李典女士，她曾多次亲临现场指导并提供宝贵素材。感谢嘉兴市委宣传部、市委组织部领导及学校领导、兄弟院校和相关单位对本书的大力支持！在此致谢：陈先春、祝亚伟、黄文秀、梁卿、吕延勤、富华、陈水林、陈立力、王立玮、肖纯柏、彭冰冰、俞炜峰、袁晶、徐雁、左军、张婧嫄、邱辰禧、步珏良、陈荣军、郭素良、黄欣、张宇、陆意等对话剧《初心》的大力支持！感谢新华社俞苑、孔令杭老师的热情帮助！也感谢全国各地的朋友与观众一直以来对话剧《初心》的关注与喜爱！

洪坚

2023 年 11 月